汽车设计美学

核心要素、创新思维与实践流程

付 璐 编著

清华大学出版社

北京

图书在版编目（CIP）数据

汽车设计美学：核心要素、创新思维与实践流程 / 付璐编著. —北京：清华
大学出版社，2022.6

ISBN 978-7-302-60677-2

Ⅰ.①汽… Ⅱ.①付… Ⅲ.①汽车—造型设计—工艺美学 Ⅳ.①U462.2

中国版本图书馆CIP数据核字（2022）第069397号

责任编辑：宋丹青
封面设计：常雪影
责任校对：王荣静
责任印制：丛怀宇

出版发行：清华大学出版社

　　　　网　　址：http://www.tup.com.cn, http://www.wqbook.com
　　　　地　　址：北京清华大学学研大厦A座　邮　编：100084
　　　　社总机：010-83470000　　　　邮　购：010-62786544
　　　　投稿与读者服务：010-62776969，c-service@tup.tsinghua.edu.cn
　　　　质 量 反 馈：010-62772015，zhiliang@tup.tsinghua.edu.cn

印 装 者：三河市天利华印刷装订有限公司
经　　销：全国新华书店
开　　本：185mm×260mm　　印　张：11.75　字　数：234千字
版　　次：2022年8月第1版　　印　次：2022年8月第1次印刷
定　　价：49.80元

产品编号：092637-01

前　言

　　曾经苦难的中国不能生产汽车，新中国成立后我们有了中华民族自己的汽车工业。党的十八大以来，我国汽车工业走向高质量发展，取得显著成绩。《中华人民共和国国民经济和社会发展第十四个五年规划和2035年远景目标纲要》提出了"深入实施制造强国战略"以及《交通强国建设纲要》的发布，必将使民族汽车工业迎来新一轮大发展。在此背景下，我们为高等院校的工业设计、产品设计专业中有关交通工具设计、汽车造型设计等课程以及广大设计学爱好者、汽车爱好者编写了此书。按照"新工科"人才培养改革的有关要求，本书对汽车设计美学进行了比较全面的梳理与归纳，力图形成符合我国实际且相对完整的汽车设计美学教材或教学参考用书；并为大学生文化素质类课程提供一个可能的选择。本书选取了具有代表性的汽车图例，以图文并茂的形式进行阐释。希望本书可以使读者对汽车设计美学有一个较为系统的了解，使您在琳琅满目的汽车产品中，明确审美特点，辨析汽车设计的共性与特性，提升欣赏水平。

　　本人在博士（国家重点学科——车身工程专业）和博士后（应用美学方向）学习期间将汽车设计美学作为研究主题，任教后出版专著《汽车车身造型设计美学研究》和教材两部，也曾获国家公派在底特律研修，但总体上依然是在书斋中求学问。为弥补自身不足，本人请国务院特殊津贴专家、教育部设计学科指导委员会副主任委员，曾参与红旗车型设计工作的付黎明先生对书稿进行了具体指导。中国民航大学交通科学与工程学院的各位专家也对本人的教研工作提供了很多指导。此外，我指导的硕士毕业生褚瑞琪、李志鹏和孙帅在图例制作、资料整理等方面做了很多工作，并从读者视角提出了很多有针对性的建议。此外，特别感谢清华大学出版社整个编审校团队的辛苦付出以及宋丹青、孙墨青等同志为本书再版付出的辛勤努力，在各位同志的热忱关心和一再推动下本书得以面世。

汽车设计美学是一门涉及广泛的跨学科实用性课程，为此，我们制作了配套 PPT 供您教学使用。由于作者的能力与精力有限，书中自然有不少遗漏和不足，欢迎广大读者批评指正！

作者

2022 年 7 月

目 录

第1章 导 论

美源于自然而生于心，是人类精神世界的最高灵魂，迸发于人心灵的触碰与感动。它不仅影响着人们日常生活的点点滴滴，同时也在潜移默化地影响着现代社会的演进。"美"字从产生时起，就标志着一种观念的形成，从对日常事物的观赏到形成抽象的"美"的观念，必然会经历相当长的时间。美的范畴包括优美、壮美、悲剧、喜剧、崇高等，人们根据美的范畴认识不同的美。每个人的意识中都有自己对美的独特见解，而时代性在特定的历史环境下也必然对个人的审美观产生一定影响，所以说美是由主观与客观交相呼应而成。为了更好地阐释和理解美，人们提出了艺术这一概念。

艺术是美的一种升华，是人将自然物品经过思维的再创作而产生的。当下，艺术已经成为人们在生活中发现美和创造美的主要来源，艺术作品则是由艺术家心灵意象的物化再现而成。恰如宗白华先生在《美学散步》中谈道："以宇宙人生的具体为对象，赏玩它的色相、秩序、节奏、和谐，借以窥见自我的最深心灵的反映；化实景而为虚境，创形象以为象征，使人类最高的心灵具体化、肉身化，这就是'艺术境界'。艺术境界主于美。所以一切美的光是来自心灵的源泉，没有心灵的折射是无所谓美的。"① 伴随人类社会的不断进步，美学学科已经不仅局限于人的心理直觉，而是发展成为具有共同审美标准、符合科学规律、大众认可度较高的现代人文学科分支。

1.1 汽车与设计美学

近年来，汽车作为现代社会人们追求美和展现个人审美品位的重要承载，成为技术美学研究关注的一个热门领域。汽车设计美学在美学的学科体系中属于实用性艺术。众所周知，实用性艺术与人们的日常生活联系紧

---

① 宗白华：《美学散步》，上海人民出版社1981年版，第70页。

密，它不仅在实用性上满足人们在物质生活中的现实需求，还兼顾人们在精神层面的审美需求，也就是说汽车设计既要吻合人们的生活态度和价值取向，使其成为客户感同身受的一部分，还要突出品牌的自身特性，有辨识度。因此，汽车设计美学研究必须以实用性作为基础，以艺术家的审美理想作为展开设计探索的方向，方可使汽车设计具备审美价值和实用价值的双重属性。抛开审美只谈实用技术性会显著影响消费者的购买选择，而抛开实用技术性只谈审美则会造成现代汽车产品功能性的缺失。可见，在具体的艺术生产中只有坚持美学设计理论，进一步结合现代汽车的技术实用性进行辩证的分析，才是汽车设计的科学方法和未来趋势。在科技高速发展的 21 世纪，人们把许多前沿性的科技运用到汽车制造上，例如，先进的音响系统、倒车雷达、后视摄像头、抬头显示、蓝牙语音、智能导航、智能手机双屏互动投射、免提通话等，丰富的娱乐和通讯功能，以及随时调用内置的各种个性化 APP 应用程序，使客户体验到轻松、易驾的驾驶乐趣。汽车不仅仅是生活中的代步工具，其丰富炫酷的车身造型，协调的分割比例，或沉稳或鲜活的色彩搭配，无疑成为了公路上移动的现代化艺术品。最近十年，现代汽车的设计风格正在文化、科技的不断融合中发展和演变，成为人类社会文明中不可或缺的一部分。可以说，汽车的设计化特征代表着汽车功能文化与社会文化的融合。就现代工业设计领域而言，不仅仅是汽车，艺术设计的功效体现在现代工业产品的方方面面。正如当有记者问起为什么苹果公司会将自己的 APPLE STORE 设立在布鲁克林艺术大道上时，苹果公司的创始人乔布斯是这样回答的："我们做的不是电子产品，我们给大家带来的是一款款设计精良的艺术品。"正是苹果公司这一产品设计与研发理念，成就了苹果品牌的商业奇迹。

从实用功能角度看，汽车可以有效容纳旅客或货物，保护运送对象免受风沙雨雪等自然侵袭或人为侵害，在车身的设计中还应考虑汽车的空气阻力、人体工程、价值分析等因素。同时，现代汽车产品设计的最终目标是用它独有的美学特征去吸引和打动消费者。优秀的汽车产品之所以成为畅销车型并打动消费者，与其拥有让人怦然心动的外形与舒适实用的内饰都密不可分。简言之，汽车设计的目的在于用它独有的美学特征去吸引消费者，获得市场认可和丰厚的商业利润。当前，汽车设计不仅仅代表着一种产业文化符号，也是当今尖端、优秀工业文化的实物载体。它具有功能文化的意义，也可以反映出汽车消费的时尚文化和社会的审美价值取向。

汽车设计的美学元素不仅体现在形态、色彩、质感等艺术方面，而且与科技、经济、文化、市场等领域亦有关联。本书以汽车为美学研究的对象，深入探索每一款经典车型独特的美学特征，发现其中的审美规律。"每个人在趣味方面的缺陷，由别人不同的趣味加以补足，许多成见在互相冲突之下获得平衡，这种连续相互补充，逐渐使最后的意见更接近事实。"①这是人类群体审美意识所形成的规律。在汽车设计美学的研究中，必须了解不同地域、不同文化背景下，人们所产生的不同的审美需求。例如，古代中国中原地区广阔肥沃的平原产生了农耕文明，北部草原地貌形成了游牧文化经济类型，两种文化类型相互交织形成了厚重、博大、交融的华夏艺术特色；北欧茂密的森林成就了丛林文化，萌生了庄重刚健的欧洲艺术特色；侵略、扩张和移民是美洲形成的重要因素，外向、崇尚英雄主义成为美利坚民族的传统风尚，等等。当然，随着全球化进程日益深化，世界统一市场的形成又使不同国家、区域的审美需求相互影响乃至相互融合。

随着时代的进步和科技的发展，造型艺术会产生新的应用领域和新的设计手段。每一历史时期的思想变化会影响到整个社会的审美倾向，也会影响汽车设计对美的衡量与追求。因此，不同历史发展时期的审美会产生不同的历史痕迹，这些痕迹深深影响着汽车设计的发展。工业技术的进步，使汽车替代了马车的作用，将马车上的马匹换掉，安装上发动机和传动系统就成了当时的汽车。再进一步地发展成为箱型汽车、甲虫型汽车、船型汽车、鱼型汽车和楔型汽车，现代汽车行业除了车身造型的创新化设计和精致的内饰细节处理之外，智能网络的普遍应用给汽车设计增加了更多活力。

综上所述，研究汽车设计的美学规律应该从不同的时代、不同的民族、不同的地域等实际条件出发，分析其所展现的不同特征的美学风格，进而提炼出具有规律性的美学认识，为以后的汽车设计提供更系统完善的理论指导，让未来的汽车设计有章可循。

1.2 为什么要研究汽车设计美学

作为人们日常生活中必不可少的重要交通工具，汽车不仅为人们的出行带来方便，其独特的造型也犹如艺术品一样丰富着人们的生活，成为一

---

① ［法］丹纳：《艺术哲学》，天津社会科学院出版社2009年版，第19页。

道亮丽的风景线。设计是一种创造行为，虽然不被束缚，但是要创造出优秀的作品，产品的形态是要满足一定美学原理的。如果说汽车的功效和功能是产品的生命，那么，汽车的设计美学则是产品的灵魂。人们的物质文化需求与日俱增，面对各种新事物的产生、引入、消化和吸收，对汽车设计的美学要求也越来越高。在文化创意产业极速发展的今天，科技、信息和文化元素的有机结合将会成为未来汽车行业发展的一种必然趋势。面对生态、能源日益紧张的现状，环保因素考量具有必然性。环保型汽车这一新概念的出现，必然导致车的形态发生变化。要满足人文需求就需要处理好车型与新技术的衔接，让人们接受环保这一理念给予汽车设计的变革。把握汽车设计的美学内涵，才能真正设计出让人们感动的作品。

车的发明本是被作为一种载体而出现，从 19 世纪工业革命开始发展至今，它越来越多地涉及文化艺术领域，并且随着科技和工业的快速发展，一代代设计师们的构想理念得以实现。汽车在满足实用功能的同时，越来越多地被看作一件具有独特魅力和内在含义的艺术品。美国哲学家杜威说过："为使作品成为真正的艺术作品，作品也应该是审美的，也就是说，应该创造得使人在欣赏它的时候感到愉快。"[①] 设计美学对于汽车来说是一种精神生产力，它可以丰富人们的心理感受和使用体验。汽车设计包括材料、结构、工艺、技术等要素，既要保障其功能性，又要满足人们的审美需求。它是科学与艺术的有机融合，是技术与美学的和谐统一。因此，汽车设计，主要涉猎工程和艺术设计两个领域。工程领域主要研究车身结构、制造工艺、空气动力学、人机工程学、工程材料学、汽车造型总布置等；艺术领域探索汽车的形体塑造、色彩设计、车身材质的质感体现等。产品的外观美是产品功能目的的直观表现，美为汽车技术的发展提供了一种人文导向。汽车设计美学将科技视野和人文视野完美联系在一起。作为设计活动的理论支持，这是实现人性化设计的重要理论依据。人是按照美学规律来创造事物的，它的反思性功能有助于引导设计走向更加光明的未来。汽车设计实践在世界范围内已有较长的发展历史，但从汽车设计美学的角度出发，系统研究其设计美学理论，在我国还属于初始阶段，尚没有形成系统的理论学说。工业设计在不同的国家、地区、阶段会有不同的内容、要求和需求，我国工业设计与发达国家还存在一定差距，为了快速缩短差距，就需要在理论上取得突破，不断总结，推陈出新，通过新的理论来指导设计。

---

① ［美］杜威：《经验的掌握》，见莱德尔编《现代美学文论选》，文化艺术出版社1988年版，第140页。

每个国家都有自己的历史文化、传统风俗和国情,所以在一般规律中也会有自己特定的规律。工业生产方式和科技的不断进步,汽车设计进入爆发时期,汽车设计美学需要在这些历史的辗转反侧中梳理出符合时代要求的阐释。

那么,在经济全球化竞争日趋激烈的背景下,如何改变我国汽车设计中民族特色、民族精神缺失或误用的现状?如何调整人们对汽车审美意识的单一、重复和平淡无奇?如何开发出具有本民族特色的汽车造型设计作品?如何把与汽车相关联的价值观和生活方式用设计语言表达出来并传递给广大消费者,使其得到充分的认知和情感的认同,并以此激发购买意向?以及如何处理好生产过程中标准化和市场多样化要求的矛盾?这些问题已成为当今中国汽车设计界的重要课题。本书尝试运用设计美学的基础理论及汽车造型的美学规律,深入研究了汽车设计的艺术、技术、经济、材料等基本要素,导入汽车造型设计的创造性思维方式,探索汽车造型的时代、民族、地域美学风格,并就汽车造型的设计、内饰设计方法进行了科学、严密的论述。目的在于研究汽车造型设计美学理论,研讨汽车造型设计美学的基本特征,构建汽车造型设计美学的学科发展平台。当然,以上陈述是作者的主观判断,不当之处还请读者进行批评指正!

创造富有中国特色的汽车造型风格,是中国设计师们的目标和责任。最近十年,汽车已经快速走入中国的千家万户,成为大众的日常消费品。在这一背景下,汽车造型的内在美与外在美的和谐统一,已成为促进汽车销售的竞争手段。中国的自主品牌汽车产品如何在设计领域取得突破,获得更广阔的市场份额和发展空间已经是摆在汽车设计师面前的紧迫课题。面对与汽车工业发达国家的差距,在汽车设计方面应当重点从以下两方面提升:一方面,力求在民族汽车的品牌创新上,挖掘和传承中国文化和中国精神,创造出具有中国民族特色和文化内涵的汽车;另一方面,积极学习和探索国外先进技术和汽车造型的设计理念,争取在思维和技艺上跟上时代的步伐,赶上汽车造型设计的时代潮流。唯有如此,我国的民族汽车品牌才能真正成长,优秀的汽车产品将打上中华民族的烙印,这不仅可以在"新常态"下推动国民经济可持续发展,还能够提高国民的自豪感与认同感,为铸就"中国梦"贡献力量。

1.3 汽车设计美学的研究方法

设计美学是美学的一个分支，是美学与生产技术领域的融合后进行的创造设计活动。设计美学这一学科的发展及演变具有自身的规律，表现出理论探讨与实践分析紧密结合的特征。汽车设计在融入了大量现代科技元素的同时也推动了科学技术的进一步发展。因此，设计师必须恪守跨学科和理论联系实际的研究原则，注重感性与理性、抽象与具体的统一，直面研究对象，采用创新的视角，详细分析主体、客体与本体之间的诉求关系，并运用与之相适合的具体研究方法，才能够做到深入浅出、言之有据、言之有理。例如，对一些存于人心中根深蒂固的观念，不要急于一次改变，最好的方法是让他们先从认同一些小事开始。设计美学交叉性很强，包含审美与实用、精神与物质、艺术与技术、文化与经济的交叉统一，横向和纵向的研究都必不可少，例如心理学、社会学等周边学科也会影响设计美学的研究。只有不断加强与多学科的合作，才能建立更完善的观察研究体系。设计的目的是创造生活中的美，所以设计师在面对复杂世界，必须要有发现问题、分析问题、解决问题的能力，透过事物看本质、有形看无形。在对美的不断追求探索中，专注于设计实践，对美的来源和本质进行深入探讨，对审美经验和审美标准给予充分阐述，不断总结和丰富设计的审美规律和研究方法。本书总体的研究思路是以汽车美学为理论基础，研究汽车造型的基本因素，探索美学特征及规律，融合创造性思维方式，论述经典汽车造型的美学风格。具体来讲，主要包括以下研究方法。

1. 美学分析法。依据基本美学原理来分析汽车造型设计美学的艺术特色，对产品形、色、质、布局方法和表面工艺重点把握。在实际生活中，仔细观察审美主体与汽车之间的需求变化。通过对汽车造型、色彩等带给人心灵的感受以及其与社会的协调性进行深入分析，总结和归纳汽车造型设计美学的规律。

2. 类比法。回顾汽车的发展史，经历了形状、材质、动力等多方面的不断演变，通过对不同时期、不同地域、不同类型的汽车进行比较研究，分析汽车造型内外部分的美学风格特征；特别是注意数字化信息化时代，高科技在汽车领域的应用，挖掘出原创性和特别之处，并探索其美学规律。

3. 学科综合法。设计过程中理解用户的心理和行为习惯是一个必须的步骤，它涉及心理学、社会学、人文、自然科学等多方面的学科；同时对技术的要求需要工程学、动力学等知识，所以需要对汽车设计美学所涉猎的各方面知识进行学科综合，提炼、升华出汽车设计美学的基本因素，从而进一步完善基础理论，使汽车设计美学呈现为条理化、系统化和规范化的特征。

4. 价值分析法。价值工程是经济与技术相结合的分析方法，需要对汽车的功能与成本计算出合理对应配比。运用价值工程理论，对汽车内外造型进行价值分析。在提升设计格调的同时，对材料和资金进行合理分配，进而提出一个如何以最高性价比进行汽车设计的初步理论框架。

综上所述，优秀的汽车产品是美学与现代科学技术之间完美融合的产物，汽车的发展需要功能性与象征性设计之间相互作用，汽车的造型、色彩及质感都遵循着艺术设计的美学规律。这些美学规律是在前人研究美学的理论和实践基础上，针对汽车设计领域的特殊性、技术性、文化性和经济性等方面的总结归纳，并在长期的设计实践中，逐步提炼出来的。当然，这并不是意味着它们是一成不变的，每位设计者都会根据自己的生活及工作经验提出关于汽车设计美学规律的独到见解与认识。广大消费者也会依据这些美学规律对汽车产品进行赏析，他们的审美判断反馈又会对设计师产生重要影响。设计师需要对流行元素和大众趣味有精准把握，大批量规模化、标准化的产品不再满足人们对价值认识新的理解和追求，而个性化、多样化和良好的整体体验才是未来汽车设计的发展趋势。所以，设计师需要更好地体现汽车的鲜明个性以及创新精神，将汽车设计美学推向更高的层次，指导汽车设计，以满足消费群体的审美需求。设计师设计的不仅仅是一款产品，更是对文化生活的诠释，让客户感到心情愉悦、自豪快乐。设计美学与传统美学存在一定差异，所以研究汽车设计美学规律不仅仅是研究美，更主要的是创造美好的生活，解决生活中遇到的问题。在汽车领域，研究其美学规律，从"问题导入"入手也是一种思路，在设计实践中开拓不同的视角，完善设计价值，总结过程规律。因此，设计师要融会贯通地掌握和运用汽车设计美学的研究方法，从而更好地把美学规律应用于对汽车的审美与设计，来造福人类生活。

第2章　汽车设计美学的基本内涵

2.1　设计美学

美学作为艺术通往哲学的桥梁，其理念源远流长，反映了古代思想家对于艺术实践经验的研究、总结和升华。1750 年，亚历山大·戈特利布·鲍姆加登（Alexander Gottlieb Baumgarten）正式提出"美学"（Asthetik）一词。他解释道，美学就是对感性学的理论研究，并把美学看作哲学体系的一个组成部分。日后，美学理论经康德、黑格尔等人的研究日益成熟。本节所要介绍的是设计美学及汽车设计美学的基础内容。

2.1.1　设计美学的定义及研究对象

设计，是人们把一种计划、规划和设想通过某种具体形式表达出来的实践过程，并且它的定义会随着时代的发展，不断的被演进和拓展成新的概念。人类通过劳动改造世界和创造文明，设计源于生活，应用于生活，它涵盖了人类史上所有的创造活动。设计为物质创造所服务，是为了更好地完成产品生产所必须的实践过程。伴随着科技的进步，设计推动了人类文明发展史，影响着人类的听觉、视觉、生活方式和生活观念。

设计美学是在现代设计理论和应用的基础上，将美学原理引入设计实践，结合美学与艺术研究的传统理论而发展起来的一门新兴学科。它主要研究设计艺术中的美学问题，是自然科学和社会科学、物质文化与精神文化紧密相连的交叉性、综合性学科。设计美学具有理论与实践紧密结合的特征，它与纯美学的不同之处在于，设计美学是具体的操作、实施，具有设计目的。美的设计不能拘泥于形式，更应联系精神与文化，也就是说只有理性思维是远远不够的，还需要结合感性思维才能创造出具有人性化的产品。

设计美学的研究对象包括艺术设计的全部范围，设计美学的研究对象包含三部分：（1）从设计的本质讲，包括设计中的色彩、材料、结构、工艺、风格以及设计的理念等。（2）从设计的过程讲，包括设计师的学识水平、设计理念、审美风格、独特个性、创造性思维能力、大众审美认知、美学规律及形式法则等。(3)从设计的应用讲,包括欣赏者的文化背景、设计的时代特征、民族特点、地域文化特征等。本书正是从设计美学的研究对象出发,来全面布局,将以上主要内容置于汽车设计美学研究的各个部分。

2.1.2　设计美学的核心命题

设计美学研究的核心命题包括四方面内容。

1. 设计美学中人与产品以及环境之间的平衡性研究

设计美学的基本原则是"以人为本",强调以人的根本需求作为标准。设计美学的研究应以平衡为切入点,研究人与产品之间、人与环境之间、产品与环境之间的综合协调关系,进而构建现代和谐化设计的理论与方法应用框架体系,为设计实践提供相应的参考。

首先,人与产品之间的关系表现为三方面:(1)基本型需求关系。产品功能仅满足用户某方面的需求,即停留在工具层面,以满足用户最基本的需求为目的。这种产品往往以单一用途出现。(2)期望型需求关系。在产品中加入生活元素和人性元素,让用户觉得其不仅是生活用品,更是一种让其拥有完美体验的人性化产品,能在很大程度上提升顾客的满意状况和需求的满足程度。这是顾客评判一个产品是否优秀的重要指标。(3)情感型需求关系。在满足前两者的情况下,产品中加入情感因素,使之和用户情感产生互通。该产品已不再是一件普通产品,更是一种情感寄托。它所带来的不仅仅是生活上的方便,更满足了心灵所需,其用途大大地超出了用户最初的定位与期望。

其次,人与环境之间的关系相对简单。环境是人类赖以生存的场所,人类的所有一切都是从环境中所取得。在漫长历史变革中,人类一直在努力依据已有认识,按照自己的意愿变革自然。但是人类在创造日益发展的物质文明和精神文明的同时,也造成了环境污染,破坏了生态平衡,使人类活动受到限制,生存环境受到威胁。环境的良好发展需要人类的精心维护,寻觅人与环境和谐发展的途径,是当今社会必须做出的抉择。

最后,产品和环境的关系是指,产品从设计、制造、销售、消费等一系列过程都离不开环境因素。环境因素包括政治环境、经济环境、法制环境、科技环境、文化环境、语言环境、卫生环境等。例如,在产品的生产、流通、消费中资源的利用情况,是被合理利用,还是被过度浪费;经济环境影响着产品的交换、消费状况；雕塑类造型设计要考虑到是否与周边环境相融。不同社会环境需要不同的产品。正如大多事物都存在两面性，设计师们所要做的是趋利避害，合理运用产品形态原型，降低设计成本，开发新技术，合理运用资源，使产品与环境和谐发展。

2. 设计美学中产品的艺术与技术的和谐性研究

产品设计的基本要素如艺术、技术、材料、环境都会影响到设计的艺术表现效果。在现代社会，科技工业生产高度发展，艺术的内涵越来越丰富，现代设计也在不断尝试实现技术与艺术的新统一。技术从外在形式上带给人类实用性，弥补艺术上的天马行空；而艺术从内在丰富了产品的审美理念和价值观念，也弥补了技术的机械和呆板。在其融合的过程中，技艺的手法和精神层面得到全面的提升，只有二者和谐统一，才能促进社会发展。产品的设计与研发还必须重视与客户之间的交流与沟通，建立良好的反馈机制，从而使艺术设计与技术进步良性互动。总之，设计美学要时刻关注现实审美观念的变化，力求达到设计师所期许的艺术与技术完全的和谐统一。

3. 设计美学中产品的形式与功能协调性研究

现代产品设计的功能与形式在强调智能化、人性化的大趋势下呈现出更加微妙的关系。产品的形式是指市场上产品的具体形式，通常由造型、色彩、品质、特征等四部分组成；产品的功能是指某一产品所具有的特定职能，即产品总体的功用或用途。在审视产品功能与形式时，不能简单地说产品的功能与形式谁占据主导地位，而是要更多地关注两者相辅相成、互相促进的关系，继而开拓创新人性化功能，以更加合理、更加亲和的形式来辅助功能，展现产品功能与形式的统一，最终使产品成为真正服务于人的有机整体。

4. 设计美学中审美主体与审美客体的统一性研究

审美主体是有着内在审美需要和审美心理机制并现实地承担着审美活动的人，欣赏客体就是被欣赏的具有审美属性的客观对象。审美欣赏是指客观事物给人们带来欢快喜悦的心情，使人们赞美、赏识、领略和享受的过程。在审美活动中，主客体是相互依存、相互作用、相互制约的。它包括两方面内容：（1）审美主体对审美客体的直接欣赏过程。（2）审美主体通过对具体形象的直觉开始，经过分析、判断、品味，从而达到审美的主、客体相互融合。审美活动不同于一般的认识活动，对于欣赏者来说重要的不是认识了什么，而是能从中发现和补充什么。总之，审美欣赏需要通过人的主观意识行为来实现。审美欣赏的结果会伴随时间的推移、社会的发展以及人的阅历的改变而发生变化。艺术设计是审美主体与审美客体互动结合的思维活动，是以客户的需求为总体设计思路，加入主观思维创作的行为活动。审美主体与审美客体是不可分割的对立统一关系，设计美学就是要寻求实现两者和谐一致的具体途径。

2.2　汽车设计美学

作为设计美学的分支，汽车设计美学是研究和探讨将设计美学应用于汽车设计实践，并形成系统工作方法的学科。它伴随着对汽车设计的理性化思考以及经验性总结而产生，是感性思维通往理性思考的桥梁。它是从前人研究设计美学中演变而来，针对汽车设计自身的美学要求而提出，并在长期的设计实践中逐步形成的学科体系。这体现了从汽车设计实践上升到理论，理论再指导实践的循环反复、螺旋上升的自我完善过程。人们对汽车设计美学的追求成为未来科技、信息和文化发展的一种趋势，它们的有机结合又成为未来汽车行业发展的必然趋势。汽车设计美学与汽车的功能密不可分，纵观汽车车身的演进史，每一次车身的变化其实都是在改进一些功能，或是提升安全性能或是减少阻力等。例如新能源汽车，电机在运行过程中不会像内燃机一样产生大量的热，所以传统汽车的大型中网格栅设计在新能源汽车上会显得有点多余。随着未来科技的发展，汽车的性能得以提升，一些多余的设计将会逐渐消失，汽车的设计美学也会得到新的发展。

汽车设计美学是艺术层面、技术层面和人文层面的辩证统一，三者的有机结合，是构建汽车设计美学体系的核心，也是认知汽车设计美学的尝试体验。同时，汽车设计美学也在不断的摸索、实践、创造的循环中发展和完善。人们在对汽车设计美学的研究中，逐步归纳、提炼、概括出汽车设计美学的基本要素，主要有汽车设计的美学规律、汽车设计的技术美学、汽车设计的人文美学。以下，将从理论与实际两方面出发，介绍汽车设计美学的基本轮廓。

2.2.1　汽车设计的美学规律

面对不断变化的现实世界，设计师的任务就是要发现和总结出一个基本规律，从而使设计工作有章可循。汽车设计的美学规律是指研究汽车设计表现形式的美学特征，探讨其设计规律、艺术思维、表现形式与设计方法的艺术思维体系。它是在总结前人研究美学经验及美学规律的基础上，针对设计的特殊性、情感性、文化性等方面总结归纳，并在长期的设计实践中，逐步总结和提炼出具有创造性思维方法与表现技法的设计流程。点、线、面作为构成形态的基本要素，它们的组合是设计美感的直接来源，也是美学规律表现的基础。汽车设计师在设计过程中需要依据这些设计美学规律，来提高美的创造能力和对形式变化的敏感性，以指导汽车造型设计。汽车造型设计是设计师实践活动和审美经验的积累，通过不同的形态表达产生不同的视觉感受，只有充分关注人的情感，才能设计出更具美学规律的汽车外形。汽车造型设计是造型观念转化为审美实体的重要环节，是设计作品内容与形式高度统一的复合体，是体现艺术设计美学规律的最好论证。设计师对美学规律的运用好比中医开药方、厨师拟菜单、乐师创作乐谱，聪明的设计师往往会在设计实践中，针对不同的设计内容灵活地应用。反之，蹩脚的设计人员只会将这些规律当作呆板的理论与教条。可见，设计美学规律并不是一成不变的，它会因人、因事、因条件不同而变化，同时与设计师的审美倾向与设计标准有着一定互动关系，是在对大量事物美的形式进行总结的基础上得到的，并在不断完善、提高与升华。

2.2.2　汽车设计的技术美学

技术美学是一种创造性的实践活动，其目标是鉴定工业产品形式方面的品质（或质量）。这类品质包括产品的外部特点，但更主要的是产品的结构和职能之间的联系，这种联系将产品（无论是从生产者还是从消费者的角度看）变成一个统一的整体，最终呈现出坚实的结构和良好的功能。可见，技术美学是指将美学理论应用于技术领域的一门新兴的学科分支。技术美学的特点包括：（1）它涉及很多学科专业，如工学、理学、人文社会科学等。（2）它与很多艺术领域（设计、绘画、雕塑、建筑、园林等）相互交融。（3）它与现代化的系统生产模式相结合。（4）它与现代社会的审美观念及工业产品的质量观念紧密联系。以技术为前提，运用艺术的手法对产品进行审美创造，更好地为人类生活所服务。

汽车设计的技术美学是科学技术与设计美学相结合的具体表现形式。汽车设计的技术美学主要内容有三个方面：（1）汽车设计流程中的美学问题，包括设计流程中市场审美因素的影响，以及设计师自身审美意识、美学品位、美学修养等。汽车设计的技术美学是设计实践创造的原发性的审美形式，体现人的主体性和创造性。使理性的功能转化为外在感性的形式，以美学规律为基础创造出或简洁，或轻快，或厚重的设计风格。（2）汽车的使用功能要求，主要以结构的创新、新工艺、新材料的应用，构成了汽车技术美学的要素。例如，根据材料的特性，利用其特别的形状和结构来完成所需要的加工。（3）在汽车设计中应用技术美学的目的是为了追求技术产品和技术活动的科学性、实用性、艺术性的统一，追求生产工艺过程的合理性与和谐性的统一，使汽车的整体设计与各部件、内外装饰高度协调，实现美学与技术的平衡，更是追求设计文化最终的价值取向，达到真、善、美的统一。

2.2.3 汽车设计的人文美学

人文，是在一定的社会历史条件下，人们经过长期的实践活动逐渐沉淀升华而形成的品质。它一般指人类社会的各种文化现象，是人类文化中的先进部分与核心领域。它体现为一种重视人、尊重人、关心人、爱护人的价值观。设计以人为本，是以人的物质需要为本，实现功能性、适用性上的完善。以人的情感、文化精神需求为本，满足人类情感表达的需要。"人性化理念"在设计发展中是一个永恒的主题。一款优秀的产品不仅满足了人们当下的物质需求，其设计理念还表现出是以人类社会可持续发展为根本出发点，并能充分考虑到产品对人心理、生理的正效应，即体现了设计对人的关心与尊重。这就是符合人文价值的设计理念。一件产品的功能与美感是并存的，虽然美感停留在表层，但它牵动着人的内心，甚至改变人对产品功能的理解。在设计中体现人文主义美学并不是一项刻意的活动，而是自然而然、潜移默化的。只有设计师真正从人的角度出发，关注设计目的，关注人的需求，才能设计出好的作品，促进工业等各个领域的发展。

当前，以人为本的理念已经深入社会经济发展的各项工作中，这也为设计美学提出了新的要求。因此，产品设计的人文美学是设计师进行工作时必须把握的基本原则。

人类对美的追求和评价受到经济、文化、传统等多种因素的影响，与人的文化层次、社会背景和人的年龄、性别、宗教意识等因素息息相关。汽车的美不是绝对的，而是相对的，它相对于民族文化、地域特征、情感体验、时代精神。研究人文美学是为了推动美的创造，培养对形式变化的敏感，选择适当的形式加强美和艺术的表现力，达到汽车美的形式与汽车美的内容高度统一。

相对于传统美学，汽车设计美学可以被认为是一个实现审美主体和审美客体相互融合的过程。如何将符合大众品位的审美形式与功能赋予产品，而不是单纯、教条地将文化符号赋予汽车。汽车作为当今社会中一种高度商业化的产品，其设计理念必然要考虑产品的人文价值。具体讲，汽车设计的人文美学体现在以下三方面。

1. 广泛应用的形式美

驾驶者通过观察、触摸、操控汽车，获得愉悦的使用体验，直观感受到的美就是形式美。形式美在汽车上的应用形式，是汽车的外观美和内在美。汽车外观美是感性的美，内在美则是理性的美，这二者是汽车功能得以具体实现的有力保障。只有两者达到高度融合之后，才会使驾驶者获得精神美与科技美的双重享受，从而提高汽车的销售量，在实现了美学与功能的同时，产生丰厚的商业利润。

2. 宜人的技术美

汽车作为生活中不可或缺的交通工具，不单纯为人们的出行带来方便、节省时间，它美观的形体也犹如艺术品一样点缀着人们的生活，成为人们生活中一道亮丽的风景线，为生活添姿加彩。汽车设计是建立在技术基础上的应用学，不同设计风格的形成与技术和材料的创新有紧密的联系。例如，新能源汽车电机运行相比于传统燃油发动机运行较为温和，减少了引擎的轰鸣和热浪，显得更加轻盈、迅捷、环保、友善。驾驶者在操控汽车时，享受着汽车为之提供的易用性、可靠性与安全性的庇护，也能够真切地感受到汽车功能之美所带来的愉悦体验。

3. 和谐的人文美

节省自然资源，改善生活环境，采用多种途径实现节能环保，是设计团队一直追寻的目标。由于汽车各种材料与零件的选取需要耗费许多的资源，人们力求通过多渠道来获得可再生资源，并加大对汽车制造材料的循环再利用，目的是尽可能地营造可持续发展的自然环境，实现人与自然环境的和谐共处。同时体现出汽车设计的功能与价值，通过视觉、听觉、触觉、嗅觉、味觉的调制，渗透到人的精神意志，唤醒情感共鸣，改变人们的视觉审美，赋予使用者高层次的精神世界，体现出关怀与被关怀。

2.3 汽车设计美学的审美与判断

2.3.1 审美与审美欣赏

奔驰在大街小巷、来来往往的、不同样式的汽车，是否会吸引我们的目光？而我们是否希望读懂其外观设计造型中所蕴含的美学特征？如何以相对专业的视角去分析各款车型的风格与特点？这就涉及汽车设计美学的审美与判断问题，本书要回答的是，优秀的汽车产品为什么会给人带来一种美的享受，以及我们如何感受这种美的存在。

1. 审美及审美活动

美，是指能引起人们美感的客观事物的一种共同的本质属性。人类关于美的本质、定义、感觉、形态及审美等问题的认识、判断、应用的过程，是为美学。美作为一种社会现象，是伴随人类的出现而产生的。事实证明，美不是孤立的对象，美的发现和发展都离不开人，而且离不开具有一定审美能力的人。人是万物的尺度，而美则是万物之一，审美的价值需要人的欣赏才能显现出来，这就是审美的主体。从某种意义上讲，人的社会实践活动是发现美、追求美、创造美的行为。人脑在受到感觉器官传来的有关外部具体事物的信息、信号刺激下，会发生一些生物化学变化，形成和产生某种特定的化学物质或电信号，从而影响身体的有关组织发生变化并引起大脑的注意和反思，这就是美感形成和产生的生理机制。

研究发现，审美欣赏其实可以直接理解为审美主体对审美客体的欣赏过程，即审美欣赏是指客观事物能给人们带来欢快喜悦的心情，使人们赞美、赏识、领略和享受其中的美的过程。这一过程中，审美主体经历了对审美客体感受、体验、品味、认知、评判以及再创造的审美心理活动。审美欣赏有别于一般认识的心理过程，具有形象直觉性、情感体验性和精神愉悦性等特点。它主要是从对具体形象的直觉开始，经过分析、判断、体验和品味，开展联想和想象，从而达到审美主体与审美客体的融合统一的目的。

2. 审美的影响因素

虽然人们都能感受到美，并且能够识别美，但是在回答"究竟什么是美"的问题时，答案却千差万别。在审美过程中，由于审美主体与审美客体之间受到自身以及外部审美环境的影响，使审美主体在审美欣赏中产生差异较大的审美感受。而影响审美的因素主要来自两方面：文化因素的影响和视觉因素的影响。文化因素指不同的人因其所处的社会环境、生活环境、人生经历以及生活方式的不同而对美的认识产生了不一样的感知。视觉因素则体现在事物的表层，例如，物品的所处环境、自身的形态结构、颜色的搭配等。当文化因素与视觉因素两者相互交融在一起，会使审美这一概念显得更加丰富饱满，也会使美的概念得以更好地生存、发展和延续，集理性与感性、主观性与客观性为一体。

3. 汽车审美

人类作为有意识的生命活动承载者，在其审美的思维活动中，自然而然地会对汽车的功能、造型、结构、材料、色彩以及形式等做出具有主观性的审美评价。不同的人有着不同的审美标准。在对汽车造型的审美活动中，既包含着人们的审美情趣，又蕴含了人们的审美风格。往往一款优秀的汽车外观造型不但会给人们带来视觉上的震撼，同时也会进一步引起人们生理上的愉悦反应，而这种反应则是与人类的复杂意识紧密相连的。汽车的审美欣赏，涉及感觉、知觉、表象、记忆、想象、理解等各种因素，它们相互渗透、互相作用，共同构成汽车的审美心理。这种审美的判断与人类本身个体的诸多因素有关，并不是一成不变的，会随着审美主体的差别以及审美主体自身的阅历与心智的变化而发生变化。同一厂家同一型号甚至同一颜色的汽车，对于不同审美主体来说都有不同的感受。同一个审美主体处在不同的空间和时间下，或者仅仅处于不同的心理状态下，都有可能影响其审美判断，从而产生差异性。

2.3.2　审美欣赏的主体——设计师

审美判断是在审美活动中逐步建立起来的，它与审美主体和审美客体的关系密切。因此，为了更好地理解审美判断，就必须对汽车设计的审美主体与审美客体进行深入分析。

审美主体是指拥有审美判断能力，并且能够在现实中掌握和承担审美活动的人。要想认识和探索汽车的审美标准与审美价值，首先必须了解和掌握汽车审美的主、客体之间的关系。一般而言人们将审美主体定位成设计师，因为在汽车设计的审美欣赏中，展示着设计师的审美情趣，同时体现着设计师的审美观点和审美趋向。作为审美主体，设计师应具备以下六方面能力。

1. 必要的汽车专业知识

设计师的汽车专业知识，是从事汽车设计活动的基础条件。包括对汽车产品性能的熟悉、功能的了解以及对技术和生产工艺的掌握等。而即使是具备相同汽车专业知识的设计师，对汽车设计的审美欣赏能力也很可能是各不相同的。作为设计师，所掌握的汽车专业及相关知识越丰富，对汽车的设计领域越熟悉，则其审美欣赏的能力就越强，所设计出的汽车产品就更能体现时代精神和满足大众的审美需求。

2. 较强的审美鉴赏能力

审美鉴赏能力是指人们对美的认识和评价能力。设计师应具备对汽车设计较高的鉴赏能力、审美感受力、审美判断力、创造力以及想象力。设计师拥有审美鉴赏能力的基础包括拥有完善的生理感觉器官。高级的审美感官是眼睛和耳朵，低级的审美感觉器官包括鼻子、舌头和身体。这些感官除了具备生理性能外，还孕育着独特的社会性，具有敏感的审美感受能力。而这种敏感的审美感受能力构成了审美鉴赏能力的核心。反之，设计师若缺乏起码的审美感受力，其汽车设计思路将是苍白的、毫无逻辑的，甚至是毫无价值的，设计出的汽车产品也不会得到消费者的普遍认可。

3. 敏锐的审美心理

这就要求设计师做事比较细心，能够善于观察周边事物，意识敏锐，能够迅速捕捉美、欣赏美，进而才能创造美。汽车的审美欣赏，就其心理功能而言，是设计师在审美欣赏汽车时所产生的积极的、综合的心理反应。它以汽车设计的最直观感受为基础，经过设计师个人的审美认知，以及赋予丰富的想象和对美的情感的理解等，使设计师在设计汽车产品时获得一种较为丰富的审美体验。

4. 对新技术的认知和快速更新能力

当今汽车市场的发展可谓日新月异，竞争也越发激烈。现如今互联网发展达到空前的高度，汽车相关领域的科学技术水平被不断刷新，给汽车行业带来的是机遇也是挑战。作为设计师需要及时了解和掌握新材料、新技术以及新的生产方式，并加以合理运用，才能使设计满足消费者的最新需求，使大众满意。

5. 较强的创新、创造能力

创造性思维是人类充分发挥想象力，以全新的思维角度来探索世界的一种具有奇异性的思维活动。对于设计师来说设计既是这种思维的高级运算处理过程，也是设计师审美发展水平不断提升的标志。设计师通过这种思维不仅能揭示客观事物的本质及其内部联系，而且能在此基础上产生新颖的、独创的、有社会意义的思维成果，它对汽车设计的发展有着巨大的推动作用。

6. 具备预测市场趋势的能力

汽车设计师有着明确的设计目的，即通过对未来汽车发展趋势的预测，设计出引领设计潮流与风尚的产品，并最终借此提高产品的市场竞争力，不断提高产品的销售量。汽车设计师虽然身为艺术家，但更是制造者，因而汽车设计不能完全天马行空，只有在充分了解消费者的需求（时代需求、文化需求、地域特征以及受众的个人爱好和宗教信仰等）的前提下，才能够设计出广受欢迎的汽车产品。

2.3.3 审美欣赏的客体——汽车

汽车作为审美客体，是设计师在审美欣赏活动中通过感受、体验、欣赏和改造而成的具有审美属性的产品。汽车作为设计师设计的实践产物，不仅蕴含着设计师的完美创意，同时展示出汽车产品由低到高的创造性活动过程，融入社会属性的客观存在之中。汽车作为产品，具有使用功能与艺术功能双重功能，因此其作为审美客体的时候，也会被直观地从这两个主要的角度去进行审美评判。汽车作为审美客体，主要蕴含着三方面审美特性。

1. 汽车审美的物象性

所谓物象性，就是物与象之间的结合，即具体存在的物质形象。汽车是由一定的物质材料构成的一个具体的形象，是设计师创造的传达了审美体验的具体物质成果，其审美的物象性是建立在形体与色彩之中。汽车作为审美客体，有其本身的形体结构特征及色彩搭配特点。欣赏者凭借自己的感官，直接地感受到这些特点的存在，进行审美判断，进而体验到它的美，完成一系列的审美活动。由此可见，汽车只有具体直观地表现出其情趣与魅力才能吸引人们的目光，引起人们的共鸣，唤起人们对汽车审美的激情。

现如今，越来越多的汽车生产厂家开始注重汽车家族式设计理念。如同人的性格一样，汽车具体的外观设计同样是汽车品牌个性的最直观体现。某些特定品牌下不同的车型通常具有高度相似的车身造型，而对于豪华品牌而言这种情况尤为显著。他们的目的很明确，采用一致的元素呈现出统一的视觉风格，就是让人们一眼便可以认出不同的品牌车系，相当于为自身的产品打上与众不同的 logo，来提升识别度和认知度。最具有直观表象的便是每种汽车品牌会拥有自己的"家族前脸设计"。例如，宝马的"双肾"格栅设计，奔驰的"百叶窗"，JEEP"七竖孔"式，雷克萨斯的"纺锤型"格栅设计等。当然，这些设计并不是刻板到一成不变的，而是在总的形态特征不变的前提下，稍加改动去提升其物象美。例如新一代的奔驰会将"百叶窗"式设计变化成"钻石中网"格栅（图2-1，奔驰S级为"百叶窗"式设计，奔驰CLS为"钻石中网"格栅）。这种独具匠心的设计方法让这个古老而又经典的格栅形式焕发出勃勃的生机。

图2-1 奔驰S级与CLS前脸

2. 汽车审美的对相性

美是一种相对的感觉，正如不同的人对同一个具体事物、具体现象、具体事情、具体环境会有不同的看法和观点。黑格尔曾说过"乍看起来，美好像是一个很简单的观念。但是不久就会发现：美可以有许多方面，这个人抓住的是这一方面，那个人抓住的是那一方面。"汽车审美的相对性就是指作为审美主体的人们对审美客体——汽车从认识、了解、欣赏、体验到评价等各个过程及结果的差异性。简单来说就是不同的人对同一辆汽车的审美会有截然不同的评断。在这里，我们将通过列举两个汽车设计实例来进一步地阐明并验证这一观点的准确性。这两个车型分别是现代飞思和启辰D60。

现代飞思（Veloster），该车被定位为个性跑车。飞思的总体外观设计手法更加大胆，在延续了流体雕塑式的家族风格以外，又不乏自身独特的设计美感。而且，相比之前推出的几款车型，该车配备了现代汽车更多的新技术。推向大众市场以后，就引来了众多的评论与争议，其中飞思的外形设计是最具有争议的部分，焦点集中在三车门的设计之中。因其改变了以往四车门的造型，而设计成三车门形式：驾驶员的一侧仅有一个车门，另一侧有两个车门。而在中国人的传统观念中，多以双数代表吉利，并且认为对称之美才为大美。从古至今，大到壮丽威严的故宫，小到市井的四合院，均采用对称的建筑形式。可以说，对称这一观念已经牢牢地占据着许多人审美观念的核心。对飞思提出异议的人们认为该车的车门设计中缺乏了一种对称的美感，让人无法接受；而在另外一些人的眼中该车设计的最为精妙之处却恰恰在此，原因有如下两点：（1）从单纯的外形上来讲，在当时该车是极具个性的，跑车本来就是为释放人的天性与活力而设计，独特的车门设计方式将更加有利于张扬个性，起到与众不同的效果。（2）现在很多的跑车车型都设计为双门形式，虽然有些车型增加了后排座椅，但由于双车门设计的局限性，使得后排乘客在出入车辆时必须将前排座椅掀开，这样就变得非常的不方便。而飞思则十分巧妙地化解掉该问题，即在一侧增加了一个侧门供后排乘客进出，同时又不完全摒弃跑车整体个性十足的双车门设计，起到了一举两得的作用，如图 2-2 所示。

图 2-2　现代飞思 Veloster

　　启辰 D60 是东风启辰换标后的首款车型。和以往一样，为了彰显品牌的特性和魅力，这款新车在造型设计上也是个性鲜明的。鹰眼式的大灯配合多块有规律的镀铬饰条，启辰把这种设计称为"风雕美学"。部分消费者尤其是年轻人认为全新 D60 外观轮廓清晰细致，俯冲式腰线和短小紧凑的车尾比较好看。新 logo 更加简洁，其前脸切割感的大灯干脆利索，风格类似轿跑的形态。发动机盖两侧的凸起线条以及前包围的造型很时尚、很年轻，体现了年轻运动的风格却又不失稳重。然而也有很多人表示，启辰 D60 的设计外形未免过于前卫，而内饰设计却有些老气。前脸造型过于犀利，以及其进气格栅的设计有满满的"土豪"味，降低了该车的档次，如图 2-3 所示。

图 2-3　启辰 D60

由此可见，人们对于汽车的审美是具有差异的，不同的人对于汽车进行审美判断的出发角度和评判标准都是因人而异的，这是由于不同的认识能力和知识经验等因素所导致的。并且同一款车型的某个特定的设计点，对不同的人所接受、理解和欣赏的程度也是不一样的。同时，同一款车型人们从不同的角度出发去对其进行审美判断，得出的结论也不是一成不变的。由此我们可以看出汽车审美所具有的相对性。

3. 汽车审美的体验性

在人类生活众多的体验当中，体验的直接性越来越少，我们几乎是凭借媒介而生活。而审美体验则是最为直观的，能够充分展示人本身自由、自觉的意识，以及对于理想境界的追寻，故又被称之为最高层次的体验。审美体验大致可概括为审美注意、审美知觉、兴发、神思、灵感五个层次。汽车审美体验是具有创造性思维的设计师，在特定的环境、心境、时空条件下，通过自身的感受与想象、构思与设计，从汽车设计中体验到汽车美的本质的一种感知美、理解美和创造美的一系列动态心理活动过程。

我们以一汽公司的奔腾 B70 车型为例进行说明。流线动感的设计风格以及优越的驾驭能力，让 B70 从一问世就夺人眼球。优异的操控性能和舒适的驾乘环境使其在富有理性的同时又饱含激情。为享受事业追求和家庭生活的社会主流人群创造出不一样的非凡驾驭体验。设计师在设计 B70时，在整车造型中采用了一种前低后高的姿态，并配以犀利的腰线以及肩线。该款车型的飓风线与轮毂线巧妙的结合、在多幅运动轮辋的搭配下，处处散发着动感气息，呈现出即将绝尘而去的美感。该车之所以会给人们带来这些美的体验与感受，正是富有创造性思维的设计师们通过结合对运动美学的感受和认知，运用高超的表现手法将汽车的外观勾勒出来，将自身体验到的美的本质以及心理活动的过程转化为现实的可以摸得着、看得见的实物来引起共鸣，即以汽车的形式表现出来，无论是内饰还是外饰，都表达了设计师对于美的理解和体验，如图 2-4 所示。

图2-4　奔腾B70及其内饰

只有审美主体真正地把握住了审美的特点以及影响审美的各种因素，才能更好地对审美客体进行全方位的评判。当读者了解了必要的审美知识以后，将会以更加丰富、更加专业的视角去欣赏和品鉴各款汽车的美，而不是单纯地认为或惊叹一辆汽车外观造型很美，却又不能说出其所以然来。

2.4 汽车设计中蕴含的美学特征

美学特征作为研究产品设计规律、形成产品设计风格和树立产品自身品牌形象的重要元素，尤其值得我们的关注。当前，随着人们认知程度的提高和汽车工业的迅猛发展，消费者已不仅仅满足于汽车产品作为交通工具的单纯的功能属性，而是在实用功能的基础上更加偏重于对其蕴含丰富的美学特征需求。汽车设计的本质就是要尽可能做到技术与艺术的最佳平衡。汽车设计中蕴含的美学特征正体现了功能美与造型美的完美结合。汽车的功能美是乘用汽车的可靠保障，是满足消费者物质需求的因素，而汽车的造型美则是汽车设计美学的具体展现，是与消费者进行沟通的直接桥梁，是满足消费者精神需求的必要因素。为了进一步完善汽车设计美学的理论体系，需要对汽车设计中所涉及的美学特征进行系统的归纳和梳理。因此本章主要提出汽车设计中的感性美与理性美、静态美与动态美、内在美与外表美、刚性美与柔性美等基本特征，进而构建更加完善的汽车设计美学体系。

2.4.1 感性美与理性美

1. 汽车设计中的感性美

感性美是指通过人的感官所感知的事物外在形式的美。无论是生动的形态、和谐的色彩还是丰富的质感都会给人以美的感受，使人产生美好的联想和想象。汽车的感性美是指由人的感官所产生的知觉，再由人的知觉和内心变化所产生的审美判断，即人对汽车的直观感性认识。简而言之，它是在审美活动中对汽车赋予情感的视觉评价。汽车产品的感性美是通过其形态变化、色彩协调、质感贴切、结构完善，以及内在功能体现出来的。因此，汽车设计中的感性美，应坚持以人性化为原则，直观体现设计精神。对形体、色彩、质感等方面的艺术特征，在更为强调艺术性的同时，力求在车身设计中注入情感和关怀，增强科学技术的美学展现，使之在感性美上更加系统化、生活化、个性化与特色化。

　　Jeep 首款小型 SUV 自由侠，在保持 Jeep 品牌一贯的简洁、粗犷与时尚风格并存的同时，自由侠拥有精准的比例与质感的线条，让我们直观感受到精致与细腻之美。在国产自由侠的市场分析中 ①（图 2-5），考虑购买国产自由侠的因素中，外观造型时尚以 72% 的压倒性比例成为了最主要的考虑因素，自由侠经典的七孔前格栅和复古双圆灯的设计很抓眼球，其敦实、厚重且方正的整体车身也充满了阳刚之气，金属抛边 Y 字形轮胎样式动感年轻，满足了消费者对一辆 SUV 车型的造型需求。可以说，自由侠这款车型不拘一格、充满了玩味，甚至略带一丝粗犷的外观设计所展现出的感性美征服了众多消费者的内心，如图 2-6 所示。

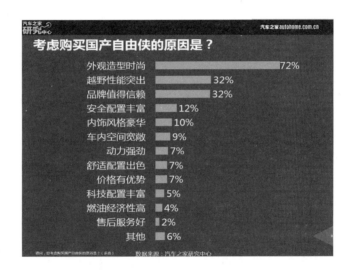

图 2-5　考虑购买国产自由侠的原因调查（引自汽车设计之家研究中心）

图 2-6　感性美代表作广汽菲克自由侠

---

① 本报告样本取 2016 年 5 月 28 日至 6 月 5 日期间投放并回收的《国产自由侠上市用户调研问卷》，有效样本数为 662 人（年龄 18 岁以上，一年内有购车意愿，计划购买 SUV 的意向用户）。

2. 汽车设计中的理性美

理性美是指通过理性的思考产生的审美认知。汽车的理性美是指有理可依的，可以依靠科学的推理、计算、统计来实现的美。它是设计师将设计艺术与产品实用性相互结合的具体体现。缜密严谨、秩序条理、数理逻辑性是理性美在汽车设计上的表现形式。汽车的设计由功能性、艺术性、经济性、材料性、技术性等多种因素决定，而汽车设计的理性美是其技术性因素和艺术性因素充分结合的体现，即在使用舒适便捷的同时更具美感。例如，通过空气动力实验确定车身的造型，保证高速运行条件下的汽车驾驶稳定。在此基础上，考虑车身比例是否符合人们的视觉规律，如黄金分割率在汽车造型上大体或者细节上的应用，以及能否产生具有理性韵味的美感等。

例如，在保时捷 mission 中，车窗与车门，车门与整体，无论是从大体比例上还是细节上几乎都存在黄金分割比，即抓住了美也抓住了人们的眼球。其内饰也很具有理性美，如液晶显示屏从中控台延伸到副驾驶座，带来极佳的信息娱乐体验；中控台的大屏幕被移动到了更低的位置，竖屏的设计更像接近于人们早已习惯使用的智能手机，极具美感的同时操作起来也更为方便，如图 2-7 所示。

图2-7 理性美代表作保时捷mission

3.感性美与理性美和谐共存

在黑格尔看来，美最好的状态是理性内容和感性形式相结合，彼此相互融贯，完全融合的统一整体。感性美是人类天生具有的感官能力，理性美偏重于认知和规范，以增强和弥补感性美的不足，使其更符合事实规律。当人们欣赏汽车产品时，首先是对汽车产生感性认知，即视觉感受，再由视觉感受引起情绪变化，最终传导为其心理的感受。也就是从仅仅作为欣赏的客观性感觉阶段进入作为产生审美的主观感性阶段，这是一般人普遍欣赏美的过程，即感性美。除此之外，人们不仅有主观的感知美，还会进行一系列科学的推理、计算、统计思维活动阶段，来进一步塑造汽车的美，这便是理性阶段，此时人们正在感受的是理性美的审美欣赏过程。如果说感性美更多提供的是思路和灵感，那么理性美更多提供的则是方法和手段。因此，汽车设计需要使两者和谐共存以使产品呈现更加完美且真实。只有在感性美与理性美和谐共存的模式下，设计师才能够设计出更加人性化、系统化、生活化和个性化的优秀的汽车产品。

2.4.2 静态美与动态美

1.汽车设计中的静态美

静态美是一种沉稳的美，是将美凝结在时空之中而形成永恒。仿佛将美的外衣一层层剥离，直击本质，展现在人们面前。人们在宁静的氛围中，感受到的是自然与坦荡、安逸与舒适、平静与祥和。对于汽车而言，其静态美体现了汽车的各种设计元素之间呈现出的一种和谐与平衡的关系，使得这个三维的产品呈现出如诗如画般的美感，让人不禁为之驻足去欣赏这种沉稳而持久的宁静之美。例如，劳斯莱斯作为车坛中的贵族，血液里流淌着"皇家血统"的静态凝固之美，它的侧围运用了刚毅、挺拔的线型，犹如一道道分割线将画面的比例调试到最佳。前脸造型多采用直线小圆弧过渡来塑造形体，两前大灯端庄对称、华贵秀美。格栅设计的竖线重叠具有条理和秩序的美感。前保险杠与车头的整体造型方中有圆、圆中衬方，具有威严、庄重的雕塑美。局部的后视镜与手柄同整车相协调，呈现简洁明快之感，形成整体统一的静态美视觉效果，如图2-8所示。

图2-8　静态美的代表车型劳斯莱斯库里南

2. 汽车设计的动态美

　　汽车的动态美是一种不断流动变化的美。它将可视元素呈现于韵律与动态的视觉美感中，并以流动的形式和气韵进行塑造。这种流动的美感主要通过弧线与曲线来表达，并且与和谐的色彩搭配相得益彰。这种美给人的感觉也是此起彼伏、汹涌澎湃的，让人们在情绪上感受到其美的律动。在汽车造型的发展史上，属于流线型的甲壳虫汽车曾风靡一时，其头部与尾部多用光滑曲面、曲线和大圆弧过渡，使车体圆滑、畅通，极大地减少了空气阻力，更是在视觉上给人以流畅之感。当前，作为主流的流线型汽车已经集弧线型与楔型的优点于一身，使汽车这种以机械为主的产品不那么死板，而是越发的生动饱满。在制造加工上采用高科技的同时，将以往的短曲线发展成长曲线，充满了未来主义神秘感。其线条流畅、色彩温和、动感性强，具有鲜明的时代气息和动态美学特征。

　　例如，马自达CX-4的整体造型就充分展现了汽车的动态美。该车采用豪放不羁的设计风格，整体细致又带着迫人气势。车身外形犹如大笔一挥，形成大线条的车身设计，远远望去极具动感。侧面的线条设计更为流畅动感，腰线仿佛有着要奔跑出去的欲望，形成一种流动的美感。尾部线条拉的很低且圆润动感，与车头线条首尾呼应；同时尾灯的设计也和前大灯相呼应，看起来非常有个性，使得整体和谐动感，相得益彰。前大灯为狭长的设计，远光近光采用的都是LED灯光，充满科技感，并且及其对称，与前保险杠的线条融合，突出了前脸的刚毅和霸气，在形成了风格统一的车身结构的基础上又为该车增添了一笔灵动狡黠之色。总体来讲，整体与局部实现了协调统一，传达出洒脱飘逸之感，展示出强烈的动态艺术感染力和令人震撼的韵律美感，如图2-9所示。

图2-9 马自达CX-4

3. 静态美与动态美的对立统一

静态美与动态美是既相互对立又协调统一的有机整体。静态美是动态美必要的前提和基础，而动态美的表现形式却远比静态美来的更为丰富，更显生动与活泼，所以两者的搭配才能展现更为全面，更具吸引力的美感。只有静态美，没有动态美，设计就会显得呆板、冰冷、沉闷；而只有动态美，缺乏静态美，设计又会显得变化过快或漂浮不定。静态美可以表现在点、线、面、体、图形、符号等元素，可以起到控制整体节奏、形成视觉中心或重心的作用，把控汽车整体造型状态。而动态美则能起到调节设计整体节奏、引领视觉时尚的作用。单纯的静与一味的动都是不可取的，只会事与愿违，只有动静的有机结合，合理的交替出现，才能使设计充满活力与生机。

在汽车造型设计中，设计师巧妙地处理"静"与"动"之间的协调关系，运用美学规律，通过含蓄如诗的意境手法将其表现出来。设计师用抽象的表达方式将点、线、面、体等关系重新整合，并化抽象为具体，形成一个个人们可以通过感官欣赏的美的元素。不断寻求变化中的不变量，打破时间与空间的概念，使整体设计达到一种游离在动静之间的平衡与调和，从而构成一种"此时无声胜有声"的设计美学意境。

2.4.3 内在美与外在美

汽车如同人一样，有自己的个性，有其自身的内在美和外在美。如果一辆车只有令人惊艳的外表，而没有良好的性能，必然会有着或多或少的甚至是致命的缺陷，可能在最初会赢得一部分人的关注，但随着人们对其了解的深入，必然会被大众所摒弃；反过来讲，如果一辆车拥有足够良好的性能、技术支持和配置，却没有一个符合人们审美需求的外形，同样也不会得到人们的认可。因此设计师探寻汽车之美的过程中必然要兼顾其内在美和外在美。汽车的内在美主要包括两方面内容：汽车的功能美与结构美、材料美与工艺美；汽车的外在美包含汽车的形体美、色彩美和质感美，其中汽车形体的协调、色彩的适宜是构成外在美的最为基本的因素。

1. 汽车设计中的内在美

（1）汽车设计中的功能美与结构美

实现汽车的功能美是汽车设计的首要目标，因为一切的设计都是围绕着人来展开的，目的是为人类服务，汽车自然也不例外，作为人们钟爱的使用产品，其功能美必不可少。汽车设计中的功能美一般分为使用功能和辅助功能两大类。使用功能建立于人性化设计的基础之上，包括汽车操纵系统的灵活便捷；汽车显示系统的识别准确；汽车视野系统的宽阔通透；汽车乘坐系统的安全舒适，等等。而在辅助功能上则表现在技术层面的优化，包括牵引力控制系统的均衡稳定；车身主动控制系统（ABC）的控制迅速；制动辅助系统（BAS）的安全高效；下坡行车辅助控制系统（DAC）的车速控制以及车身动态控制系统（DSC）的灵敏高效性。

无论哪类功能美的实现都离不开结构的辅助，可以说汽车的结构美是完成功能美的前提，也是呈现功能美的主要载体，它依附于汽车的功能美与造型美。具体体现为结构简捷合理、空间比例符合元件技术需要、钢度强度符合技术要求。现代汽车家族中品牌众多，车身形体千变万化。因此，设计师在车身内外结构设计上的不断创新，力争创造出符合结构美特征的汽车产品，也许会成为汽车设计新的突破点。

（2）汽车设计中的材料美与工艺美

汽车的材料美与工艺美是汽车内在美的可靠保障。汽车相关材料包括了制造汽车各种零部件用的汽车工程材料，以及汽车在使用过程中使用的燃料和工业液等能够保障汽车正常发挥其使用功能的材料。材料是构成汽车设计美感及实现性能的物质基础，而汽车的材料选择应先考虑汽车的加工工艺特点、材料的造价以及材料性能的发挥等因素。现代汽车的造型变革很大程度上也取决于材料技术的进步与发展。结合汽车性能及造型实际需要来优化汽车材料成为保证质量、降低成本、创新完善内在美的关键。

在汽车的生产过程中精良的工艺是构成汽车工艺美的首要条件，而各种工艺的特点，更是构成内在美的具体体现，即不同的工艺生产出的部件会呈现不同的美学特点。例如，铸造成型工艺，具有曲线与直线相结合的特点，给人以粗犷、原生态的美感；冲压成形工艺具有直圆结合的特点，通常给人以光滑、圆润的材质感；而焊接工艺棱角分明，具有刚健挺拔的形体美。不同工艺的结合让汽车能展现其应有的设计效果，也让其美的更加丰富。

2. 汽车设计中的外在美

（1）汽车设计中的形体美

汽车的形态是汽车设计美学研究的重要部分，形态各异的车形，直接影响着汽车给人的视觉效果及审美情趣。目前颇受消费者青睐的汽车产品，全都是由点、线、面交织而成，形体上更加富于变化。设计师在组合运用这些设计元素的时候，应该着重对汽车形体的功能与个性进行刻画。这样人们才会对这种新颖、独特的车形，产生无限的好奇与联想。通常一款好的车型问世，会带有强烈的震撼力，它不仅吸引人们的眼球，更能陶冶情操，从而提升人们的生活品质。更重要的是通过汽车形体传达出的美会使人与车产生主客体之间的共鸣，实现更好的情感沟通和互动。

（2）汽车设计中的质感美

汽车的质感主要体现在汽车设计材料的应用上，即汽车设计本身的材料美和汽车的装饰材料美。一般而言，质感美是指对汽车整体造型、色彩、材质的一种主观综合评价，同时也包括对汽车整体质量和性能的感性认识。对于汽车的整体布局设计的审美欣赏是通过人们的视觉、触觉等感观来加以界定和评价的。汽车车身外壳绝大部分是金属材料、钢板、碳纤维、铝以及强化塑料等，汽车不同用途、不同部位其材料也不同。例如，部分奥迪高档车为铝制车身，赛车是碳纤维为主，悍马 H2 的引擎盖则是强化塑料，各自展现出独特的质感美，如图 2-10 所示。汽车的内饰设计因不同主体材料装饰而产生的质感效果也大不相同，或采用针织品显得纯朴而幽雅；或采用真皮材料显得豪华而亲切；或采用木制材料做主调，显得古朴与华贵。

图2-10　2017款奥迪A4、悍马H2

（3）汽车设计中的色彩美

汽车的色彩是汽车外观美的重要元素，它具有先声夺人的魅力。它依附于汽车的形体，引起人们强烈的视觉感受，或有冲击力，或有亲和力，或有距离感，或有活力，又或者使人们能够产生无限的遐想。在汽车的设计中，如何运用色彩美的规律创造出符合时代的汽车，是设计者一直追求的方向与目标。汽车色彩设计的步骤首先应该注重汽车的用途，并根据不同汽车的使用途径来进行色彩设计，需要考虑的因素主要有实用性、经济性、艺术性、科学性、创新性、生态性、民族性和地域性等。设计师科学地运用汽车色彩，不仅会拉近人与车的距离，同时还会使人们产生审美上的视觉享受。比如，在汽车色彩运用中选择绿色基调的汽车给人们带来希望、轻松、活跃的美感。选择蓝色基调的汽车则会使人们产生幽静、含蓄、深远的美感。而选择红色基调的汽车带给人们的视觉感受应该是热烈的、吉庆的、愉悦的。

3. 内在美与外在美相互呼应

在汽车设计中，内在美与外在美是相互呼应的关系。外在美受内在美的制约，而内在美通过外在美得以表现，两者互相依存、相得益彰。原本内在美与外在美仅用在人类社会中，形容外在美往往被理解为以貌取人，略显肤浅。而内在美则被理解为人文精神高尚，内在美与外在美往往以对立的形态出现在我们的面前。然而在汽车设计中，这两种美不再是对立的，都是汽车美感的推动因素。汽车设计中的内在美，是从汽车的工艺是否简单合理、结构与形态是否与人性化结合、材料性能能否发挥到极致、空气动力性能如何提高以及各种新技术的采用等方面来考虑，外在美则需要形体协调、结构合理、色彩适宜来构成其基本因素。仅仅包含内在美的汽车设计，没有炫酷的色彩、性感的腰线、华丽的大灯、前卫的造型是不能够真正吸引消费者的；反之，如果缺少技术和性能的保障，汽车产品也就失去了应有的灵魂。因此，在汽车设计中内在美与外在美的关系应该是相互依存，缺一不可的，只有兼顾两者的设计才是真正注入灵魂的设计，才符合形神兼备的特点。

2.4.4　刚性美与柔性美

如同人一样，每一款汽车都是有自身的性格的，或刚毅，或柔性。如果细细品味，汽车的性格特征远远不止几个词语概括的那么简单，而是将一种种情怀娓娓道来。总体上来讲从汽车的性格出发看待其造型美，主要分为刚性美与柔性美两个方面。为了适应不同层次消费者对汽车外在美的审美需求，同时考虑不同年龄段以及不同性别的消费群体购车的具体因素和诉求，汽车设计师将产品设计中的刚性美与柔性美元素导入汽车设计之中，使广大消费者在选择车型时能够捕捉到自己审美意识中所欣赏的美的感觉，无论是更加倾向于刚劲一些的，还是柔美一些的汽车外形，都可以根据自己的喜好来选择自己心仪的爱车，在众多充满个性的车型中准确定位，寻找到符合自身性格的车型。现如今除了适应不同消费者的需求外，更多的是为汽车产品贴上个性的标签，赋予汽车产品更加丰富的情感。

1. 汽车设计中的刚性美

刚性美，是一种雄壮的美，它包含着一种博大的胸襟，呈现着一种伟大的情怀，具有宏伟、壮阔、挺拔、刚毅、洒脱、粗犷、大气等特点。设计师将这些刚性美的元素及其特征导入到对汽车设计的审美中，具体表现为粗犷美、洒脱美、挺拔美等审美特征。

（1）粗犷美

汽车的粗犷美是刚性美的首要元素，给人以最直接的气势磅礴的感受。它主要分为两种类型：①汽车的形体整体上采用较为简洁的形式，并尽量不用或少用一些装饰和修饰材料，展现其大气豪迈的粗犷性格。②力求用最简单的汽车设计创意，实现并表达出汽车产品的整体功能，使功能属性一目了然，不忽略细节，但又不会显得琐碎，整体突出其刚劲有力、稳重大气。无论是前者还是后者，表现出的粗犷不同于粗俗，两者绝对不可混为一谈。因此，在汽车设计中，应充分理解和合理运用粗犷的美学原理，给人以简约而不简单的个性设计体验，尽力达到"少即是多"、"少到极处即是繁"的理想境界，如图2-11所示。

图 2-11　粗犷美代表车型悍马 H2

（2）洒脱美

汽车的洒脱美作为刚性美的表现形式，既涵盖潇洒而脱俗，又包括视觉上的大气与美感，通常给人们带来风尚感、俊美感。汽车设计中的"洒脱"，主要强调的是"洒"，有一种不受拘束的感觉，是在传达具有一定格调和定位的设计艺术美。这种洒脱美的展现避免出现单纯追求形式上的阳刚与帅气的产品设计，使得汽车产品的风格更加多变。在汽车设计美学中则体现出简洁、大气与超凡等美学特征。更准确的讲汽车的洒脱美是在塑造一种"格调高雅、清新脱俗"的视觉美感。例如，2017 款明锐，不但有着洒脱大气的外表，还有着超大的内容空间，修长的车身，平直的车身线条，显示出其高雅的格调，十分俊朗，让人不禁联想到风雅潇洒的翩翩公子；进气格栅面积较大，不是横平竖直的分割，而是运用小角度圆弧线作为格栅的基本元素，更为立体生动，更显飘逸洒脱，如图 2-12所示。

图2-12　洒脱美代表车型2017款明锐

（3）挺拔美

汽车的挺拔美作为刚性美的支撑，给人以耳目一新、伟岸雄奇等视觉感受。通常，这种类型的汽车往往多以直线、斜线这两种能使得产品有挺拔大气之感的线条来勾勒车身轮廓。其刚毅挺拔的外表显得卓尔不群，直白而不苍白，挺拔而不笨拙，将刚性美表达的酣畅淋漓。在挺拔的风格塑造中，适当的比例与尺度是一个卓有成效的设计方法。例如，劳斯莱斯幻影，是一款高端汽车产品。它的整车造型刚毅挺拔、车身设计精巧、比例尺度恰到好处；笔直的线条棱角分明，细节处又不乏精致之美，为它的挺拔增添了一分高雅，也使得它的挺拔美更加令人过目不忘、流连忘返，如图2-13所示。

图2-13　挺拔之美代表车型劳斯莱斯幻影

2. 汽车设计中的柔性美

柔性美，是一种温柔细腻的美，原本是用于形容女子温柔婉约、优雅含蓄、感情细腻等性格。具有典雅、柔媚、精巧、清秀等特点。在引入到汽车审美后进而探索出飘逸美、韵律美、细腻美等主要特征规律。

（1）飘逸美

汽车的飘逸美作为柔性美的代表特征之一，集中体现了一种清新雅致、恬淡自然的感受。在设计领域中飘逸更多的是一种境界，一种对产品风格的概述。车身优美的直线、曲线、圆弧过渡是"飘逸美"的最佳线条，而弧面与曲面的表达也是塑造"飘逸"的重要组成部分。尤其是选用不同的车身材料，会表达出"飘逸"的不同效果。换言之，汽车的飘逸美是通过色彩、质感、光感、肌理、材料等主要方面来表达和实现的，缺一不可，如图 2-14 所示。

图 2-14　车身弧线尽展飘逸之美马自达

（2）韵律美

汽车的韵律美作为柔性美的要素，主要通过点、线、面、形体、色彩与质感等视觉要素来塑造。韵律是神韵律动，顾名思义是节奏的变化形式，是节奏产生的一种情调或意味。美的事物一般都符合自然规律的形式，而韵律是造型中求得整体统一和变化，从而形成艺术感染力，突出产品风格。在汽车设计中，韵律也成为衡量美的尺度，韵律美强调了一种在规律变化中的柔性美，在整体与局部间完美地解决了矛盾的对立与统一，使车身造型更富有动感、令人遐想，显现出一种不同一般的逻辑美，如图 2-15 所示。

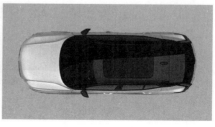

图 2-15　韵律美的代表沃尔沃xc40

（3）细腻美

汽车的细腻美是柔性美的分支，是汽车更加生动富有韵味的关键。在汽车设计中将细腻美的视觉要素通过一定的设计艺术手段梳理为有序的状态，并在局部细节上加以深度刻画，从而使汽车的视觉语言条理更加清晰，层次结构更加合理且有深度。在设计美学法则中，细腻法则的优势表现为：在产品节奏上更清晰、更明朗并富有质感；在形体结构上更加细致润滑、细密深入；在视觉传播上更率意、具体而富有韵致，如图2-16、图2-17所示。

图2-16　标志Onyx超跑概念车展现细腻美

图2-17　标致Peugeot、马自达cx-5

3. 刚性美与柔性美的灵活多变

刚性美与柔性美历来就是两种相对独立又互相依存的审美特征，看似相互独立，但是又恪守自己的风格特征。在汽车设计中，刚性美和柔性美有时是互相制约，有时是互补的，但整体是和谐的，两者之间的组合搭配更是灵活多变的。一款优秀的汽车设计产品，或许会倾向于刚性美的硬朗，也或者会偏重于柔性美的细腻，但其本质肯定会希望兼具两者并同时完美的呈现。只有当刚性美和柔性美两者巧妙结合，互相平衡时，实现刚柔并济，汽车产品才会广泛的受到更多消费者的认可，从而对消费起到推动性的作用。

汽车设计中蕴含的美学特征是人们在长期的设计实践中不断发现、认识和总结出来的。人们认识汽车的美、追求汽车的美，是为了不断适应时代进步对汽车的审美需求的变更。随着汽车工业的发展，汽车产品日新月异，新结构、新工艺、新材料、新功能、新技术正不断涌现，将为汽车设计美学的研究与应用提供更为广阔的空间。

2.5 汽车设计的美学规律

汽车设计的美学规律作为汽车设计美学的研究重点，是在汽车设计美学的实践运用过程中逐步产生并发展起来的。简而言之，它是对汽车设计中形式美的主要特征进行梳理和归纳，形成了具有一般性的规律总结。当然，在汽车设计实践中，它绝不是一成不变的法则，也不可强行套用，更不是教条的规则，而是要根据具体情况有所变通，有规律可循，但又不拘泥于单一的形式，这正是汽车设计美学规律的独特之处。

2.5.1 对称与平衡

1. 对称

对称又被称为均齐，它是通过轴线或支点、相对端，以同形、同量形式出现的一种平衡的状态。"对称"的语源是希腊语的"Symmetries"，意为"彼此测量"。依此本意，采用平移、反射、旋转、扩大等艺术方法，可形成多种对称的形式。对称的形式是指视觉各要素在上下、前后、左右关系中分量相同或均等。对称的形态多种多样，有左右对称、上下对称、前后对称、点对称、对角对称和中心对称等多种形式。根据视觉元素的总体物态特征，可将其分为静态对称与动态对称两种形式。其中，左右对称、上下对称、对角对称等，可理解为静态对称；而点对称中的球心对称、放射对称、旋转对称等，可理解为动态对称。在汽车设计中，根据汽车设计的体量关系，又可将对称分为平面对称和实体对称两种形式。

对称是最简单的均衡形式，也是汽车设计的最常运用的一项基本法则。左右对称是对称的基本形式，而上下对称、前后对称不过是左右对称的移动。对称轴的方向，如由垂直转换成水平方向，则变成上下对称形式（或称为垂直对称形式）。放射对称，是以经过中心点的直线为中心轴的许多左右前后对称的组合。在汽车设计美学中，最典型的是左右对称，这种最为基本的对称形式在自然形态和人工形态的例子中大量存在，如人本身以及绝大部分动物外观上就是左右对称的，绝大部分建筑和日常生活用品也是如此。汽车的对称主要包括汽车前大灯的对称、后尾灯的对称、车门的对称、车轮的对称、前翼子板的对称、后翼子板的对称等，无不反映出汽车设计的对称美。尤其是用对称平衡格局创造出的整体车身，给人以条理、秩序、稳定之感，具有威严、端庄、安详、和谐的效果，如图2-18所示。人类在长期的劳动实践中，认识到对称具有平衡、稳固、安定的特性，人类把对称的形体看作为一种美，并普遍以它为尺度去衡量世间万物。

图2-18　具有对称美感的汽车设计、左右对称的前脸设计

2. 平衡

平衡，本意指在一个支点的作用下，衡器两端的物体获得力学上的平衡状态。就物体而言，通常指对立的各方面在数量或质量上的相等或相抵的关系。从表现状态方面看，平衡可以分为静止状态平衡与运动状态平衡这两种表现形式。静态平衡，一般指视觉元素在整体的结构或布局配置中，所呈现的相对稳定的静止状态；而动态平衡一般多表现于几个力同时作用在一个物体时，各个力互相抵消，使物体保持相对静止状态、或匀速直线运动状态或绕轴匀速转动状态的机械运动。汽车设计上的平衡，并非实际重量上的均等关系，而是根据视觉元素的形量、大小、轻重、色彩及材质的分布，共同作用于视觉判断所达到的平衡。在汽车造型设计中，常以车身的中轴线、中心线、中心点，来保持体量关系的基本平衡，也需要综合考虑体量的动势和重心等因素，并且要结合视觉元素所呈现的效果来实现平衡。因此，汽车设计中的平衡不完全等同于完全对称，而是属于静中有动的对称。例如，汽车设计的杆秤式对称，平衡点固定不变，但两边平衡物体的距离则随秤锤的移动而不同，达到平衡的目的。

在汽车造型设计中，平衡的感觉是非常重要的，是汽车总体布局的基本要求。平衡状态的事物，既可以表现为对称状态，又可以表现为非对称状态，对称形式正是造型艺术中的达到平衡状态的一种方式，但是绝对的对称会显得呆板、毫无生气，而视觉艺术中的平衡却能够给人以安静感、平稳感、舒适感。因此，平衡成为了汽车设计的基本规律。例如，一辆汽

车的平衡状态，表现在各部分之间在视觉上的均衡状态，这种状态可以彰显静中有动与动中有静相结合的审美效果。汽车设计中的平衡，主要靠左右部分体积来表现。此外，还要借助产品零部件上的分割线、表面纹理、色彩配置和材料的质量等元素来营造整体的视觉感受，如图2-19所示。

图2-19　平衡感的汽车形式

3. 在对称与平衡之间寻找美的真谛

绝对对称带来美的感受，而非绝对对称的事物也可能产生一种平衡美感。这往往需要设计师运用美学及科学知识去刻意塑造。对称与平衡均给人以视觉和心理上的稳定状态，在古往今来的长期造物实践中，人们一般都会有意无意地秉承对称与平衡的设计理念。古人讲中庸、中和、阴阳，便是在追求一种内在的平衡。天人相应的哲学观念认为，对称的平衡乃是秩序的最高准绳。汽车设计中的平衡与和谐，并不是单纯的实际的丈量关系。从物理学角度讲，汽车设计美学的平衡关系，是通过支点调节所表示出来的秩序和均衡，这属于视觉的平衡。这和力学的平衡、数学的平衡有所不同。在汽车造型设计中，着眼于实现视觉上的安定与心理上的平衡。尤其是用对称平衡格局创造出的整体车身，给人以条理、秩序、稳定的感觉，具有威严、端庄、安详的视觉效果。更广泛地讲，形态、彩色、材质在汽车设计中所具有的重量感、面积的大小、色彩的明暗和质感的粗细等，这些因素必须保持一种平衡的状态，才会令人产生安定的感觉，从而达到人类心理的审美认知与认可。

2.5.2　均衡与稳定

1. 均衡

均衡，呈现的是一种稳定的状态，而这种稳定感是人类在长期社会实践中形成的一种视觉习惯和审美观念。只有符合这种审美观念的造型艺术才能引起美的共鸣。在汽车设计中，均衡是针对汽车设计各部分之间的相对关系所呈现出的视觉效果，或在特定的空间范围内使型体与型体之间、色彩与色彩之间、色彩与型体之间，在视觉上保持一种力的平衡关系。均衡强调的是视觉元素各部分之间的相对轻重关系。视觉的均衡与力学的平衡相似却不相同，视觉均衡实质上是一种心理感觉上的视觉平衡，不是形式上的绝对相等，而是视觉上的相对平衡。如果从视觉平衡关系方面探讨均衡，对称本身也是一种均衡，对称能产生均衡感，而均衡又包括对称的因素。它的特殊性在于左右视觉分量相等，通过视觉的均衡可以保持汽车的秩序性、完整性和统一性。依据汽车设计的要求，均衡在表现形式上分为等量均衡和非等量均衡两种形式。等量均衡是构图或造型中事物"量"的分布，左右基本趋于对称且等量的关系。而非等量均衡，是指非对称式的不同要素之间的配置所形成的平衡关系。由于汽车技术的需求和功能的制约，汽车设计多采用等量均衡方式。例如，轿车、小客车、大客车、旅行车等，多采用等量均衡的方式来进行造型设计。而一些工程车辆、特种车、专业车，则采用非等量均衡方式来进行车身设计。由此可见，均衡是汽车设计中常用的一种行之有效的表现形式，如图2-20所示。

图2-20　均衡的车体设计、均衡的前脸设计

2. 稳定

稳定，指的是一种在很长时间内不会变化的状态。稳定给人以稳重、安详、平稳、轻松的感受；而不稳定则给人以动摇、倾倒、危险、紧张的视觉效果。稳定状态是人们习惯的常态，因此汽车给人的感觉不能是浮躁的、不安分的，这会让人心怀芥蒂，因而追求汽车视觉，以及性能上的稳定感是汽车设计必须要遵循的规律。它强调的是线、色、形、体的组合上的稳固关系，以及视觉元素上下部分之间的轻重关系。稳定分为形式稳定和技术稳定，换言之，有实际的稳定，也有视觉的稳定。根据力学原理，稳定应理解为物品实际重量的重心铅垂投影，必须在物体的支承面以内达

到稳定状态。例如，为了实现车身的稳定状态，往往靠近地面的部分大而重，上面部分则小而轻，这样做就为了使重心降低、防止偏倒。而技术稳定也属于实际稳定范畴，可以给汽车带来稳定、可靠、安全的信誉感。在汽车设计实践中，通常探讨的是形式美感中的视觉稳定部分，视觉稳定主要指汽车的外观量感的重心满足视觉上的稳定感觉。在汽车设计美学中，采用形式美实现稳定视觉和增强稳定感的方法很多。例如，粗线条、粗矮的形体容易给人以稳定感（重心较低）；深颜色看起来有厚重感；实体量块的质量较重，表面粗糙、无光泽的材料具有较大的重量感，如图 2-21 所示。

图 2-21　稳定的车体设计

3. 均衡与稳定的内在关系

均衡主要强调事物的"量"的协调与配置关系，稳定则聚焦于事物的体量关系与视觉状态。二者可以单独使用，也可同施并用，二者所呈现的视觉效果是极其相近的。自然界中的万事万物，多呈现出均衡且稳定的自然美感。因此，均衡与稳定，既符合人类自然生理审美状态，又是人类视觉审美的普遍形态。在汽车设计中要实现均衡与稳定二者兼顾、和谐统一的状态，均衡之中渗透出稳定，稳定之中含有均衡。

2.5.3　比例与尺度

1. 比例

比例又被称作"关系的规律"，是指各个部分之间、局部与整体之间或局部与局部之间的数量关系（大小及长短关系），用于反映总体的构成或者结构特点。中国古代木工祖传的"周三径一，方五斜七"的口诀，就是制作圆形或方形物件的大致的相对比例关系。古代画论中有"丈山尺树，寸马分人"之说，人物画中有"立七、坐五、盘三半"之说，画人的面部有"五配三匀"之说，等等。这些比例关系都是人们通过对各种人与自然事物的不断的细致观察所形成的具有规律性的结论，是对自然事物比例关系的美学理解与概括。比例作为艺术设计领域的基本内容自古以来就受到人们的重视。公元前 6 世纪，古希腊哲学家毕达哥拉斯曾指出，美是由一定数量关系构成的和谐。中世纪伟大的神学家圣·奥古斯丁也说，美是各部分的适当比例，再加一种悦目的颜色。美不仅仅包括造型和布局，长、宽、高，部分与部分，部分与整体之间的最佳比例也能带给人无限的美感。比例的构成条件具有根深蒂固的数理观念，但在感觉上却流露出恰到好处、完美分割的艺术感。比例与分割的关系十分紧密，其中最有名的便是古希腊的黄金分割率，其比值为 0.618。这一定律在艺术领域有着举足轻重的地位，同时在现代汽车设计中有着十分广泛的应用。

　　汽车设计的比例，是指汽车的局部与整体之间，或局部与局部之间的结构关系或形体比例关系。它是汽车造型谋求统一、均衡的数量秩序和美学秩序的基本要件，如车尾和车身的比例不协调就形成了"虎头蛇尾"；如车轮和车身比例不协调就会形成"小脚"，等等。因此为避免这些状况的产生，汽车比例关系的研究备受重视。人们在长期的生活和生产实践中一直在运用比例关系，这种行为有时可能是刻意的，有时可能是无意识的。人们往往会自发的以人体自身的比例尺度为中心，依据自身活动的方便性与舒适性，总结出各种相关的衡量比例标准。有关"人的因素"的一系列尺度关系，如人体结构尺度、人体生理尺度和人的心理尺度等数据总结，已成为人机工程学的重要内容，并被广泛运用于汽车设计实践当中。在汽车设计中，比例作为造型形式美的规律之一，必须考虑人的因素。例如，车风窗的视野效果、座椅的尺寸大小是否合适、方向盘和仪表盘的大小位置关系是否符合人的习惯、车顶空间的高低是否让人舒适，甚至小到手柄按钮的大小尺寸，等等，都是需要谨慎考量的因素。汽车设计中的比例关系不仅仅决定了汽车性能的好坏，也是影响其人性化的决定性因素，更是形成整体或者局部视觉美感的关键，如图 2-22、图 2-23 所示。

图 2-22　在比例中求险的货车设计、比例均衡的重型卡车

图 2-23 比例均衡的汽车设计、舒适的内饰比例

2. 尺度

尺度，是指一定事物的整体或局部与人的生理机能之间的界限和标准，指物品自身的量度以及某些标准之间的大小关系。可见，它是物与人之间的一种比较与度量关系，而无须涉及具体尺寸，更强调的是一种相对的关系。可以说尺度便主要是凭主观感觉上的印象来把握的。如果说比例是理性的、具体的、客观的，那么尺度相对来说则是感性的、抽象的、主观的。

尺度，也可理解为人们对汽车车身进行相应的一种"衡量"。这种衡量关系，不仅是针对汽车形体的绝对大小，还包括其组成部分的分割形式、模数、表面处理及色彩配置等方面的内容。其中，既包括汽车设计的形体及局部的大小同它本身用途相适应的程度，还包括同样体积的形态及其大小与周围环境特点相适应的程度。各种尺度关系的不同会明显的影响汽车呈现的视觉效果，例如，当汽车整体形态不变时，水平分割较多（尺度较小）的显高，感觉上会比实际尺寸更大；而水平分割较少（尺度较大）的显低，感觉上会比实际尺寸小，如图 2-24、图 2-25 所示。

图 2-24 巨型货车的设计尺度

图 2-25 相似车型不同设计尺度的汽车视觉感受

3. 比例与尺度的统一

以人为本的造物原则要求我们无论在设计还是生产制造的时候，除了考虑产品本身的各部分比例关系以外，还要时刻考虑物品尺寸与使用者之间的比例关系。既要合乎使用上的功能要求，又要满足人们视觉上的审美需求。人的思考是靠各种感官所支配的，而感官所形成的感受是靠其对物体尺寸比例关系及经验衡量的，因此与人相关的各类产品（园林及建筑、各种工具、生活用品、工业产品）的设计都涉及比例与尺度的问题。在不同的汽车设计中，整体与局部之间均体现出不同的比例与尺度。比例与尺度，不仅为汽车设计提出了数值上的要求，更折射了"理性用"与"感性美"的高度统一，是实现"物"与"人"的完美结合的必要准则。

比例和尺度的关系十分紧密，没有尺度就无法去判断比例，而任何尺度都会在一定条件下，反映出某种比例关系。在现代汽车设计中，比例与尺度两者之间的关系密切，汽车设计实践首先要确定好总布置尺度，然后再解决具体比例关系，汽车的轴距、内饰等各个部分都涉及尺寸问题，往往与人机学相关。随着科学技术的进步以及人们审美情趣的变化，汽车设计中对比例与尺度的运用的风格和形式也会发生改变，唯一不变的是汽车设计的目标永远都是为了使人产生美的感受。

第3章 汽车设计美学的核心要素

汽车设计所涉及的内容十分广泛，一方面要考虑艺术设计的技术因素、工艺因素和材料因素，另一方面又涉及美学理论与应用、经济学知识乃至心理学范畴。因此，汽车设计的审美，主要体现于艺术美、技术美、材质美和经济美等方面。我们专设一章对汽车设计美学的基本要素进行研究，目的是使读者在对汽车设计的审美实践中，比较全面地把握各项核心要素，理解汽车设计中美的存在与发展，进一步提高其对现代汽车设计水平的认知与鉴赏能力。

3.1 汽车设计美学的艺术要素

汽车设计的艺术要素是汽车设计美学的基础内容。它主要体现在汽车的形态变化、色彩协调、材料质感体验、光学效果和环境效果等方面。随着人类物质生活与精神生活的不断提高，汽车设计的艺术要素愈发受到关注。可以说，当前的国际汽车工业，已经由单纯的汽车设计功能的竞争，转为以技术实现为基础的综合设计的全面竞争。

3.1.1 汽车设计的形态艺术

当一辆汽车的形态映入眼帘时，不同的人会有不同的审美判断和情感体验。汽车的形态由整体与局部形态共同塑造而成。这些形态，由一辆汽车外形轮廓线的运动轨迹所组成。这些轮廓的产生是由不同的点、线、面，有目的地交织在一起所构成的。

一般来说，汽车的形态可以分为外部整体形态与内部整体形态。外部主要由前围、后围、顶篷等主件构成汽车的整体空间。内部整体空间主要由驾驶室、乘坐空间、储物空间构成。汽车的主要附件由发动机舱盖、车灯、水箱、散热器格栅、保险杠、前后翼子板、车门、顶盖、行李箱、车窗、前柱、后柱等。

汽车的造型设计源于汽车的时代性和对使用功能的具体要求，不同种类的汽车会塑造个性迥异的形态。在汽车的车身设计中，通常采用类比法与仿生法。类比法，是将同类车型进行比较，加入有个性的民族元素进行设计；仿生法，是模仿自然界生物，把汽车的某一部分适当仿生变形，创造出全新的视觉享受和审美体验。设计师应用直线和斜线来塑造汽车的车身，体现挺拔、简洁、明快之感。而选用曲线、曲面来塑造形体，通常给人以柔和、圆润、通透之感。实践证明，垂线表达坚挺有力，水平线表示沉稳安定。两种设计方法都极具表现力，是形成汽车整体感与独特个性的灵魂所在。汽车的形态是一种情感元素，也是一种视觉符号，具有较强感染力，会使人产生不同的视觉、触觉等情感性心理感受。例如，人们看到高级轿车，容易产生华贵、庄重、典雅的情感性心理感受；当看到中级轿车时，会产生活泼、愉悦、灵动的情感性心理感受；而商务车的形态，会使人产生严谨、凝重、浑厚的情感性心理感受；跑车的形态则使人产生激情奔放、洒脱飘逸的情感性心理感受。

现代汽车设计师，多以流行、仿生的构思来塑造车身的形态。其中，模仿自然界动植物较多。有的汽车车头仿鲨鱼头，散热器面罩仿鲨鱼嘴，侧围仿鱼鳍，后围仿鲨鱼尾；还有法拉利 F430 的鲨鱼式前鼻翼（图 3-1）、兰博基尼 Murcielago 的鸥翼式车门（图 3-2）、保时捷 997 的青蛙式造型（图 3-3）等都让人过目难忘、印象深刻。

图 3-1　法拉利 F430 的鲨鱼式前鼻翼

图 3-2　兰博基尼 Murcielago 的鸥翼式车门

图 3-3　保时捷 997 的青蛙式造型

3.1.2　汽车设计的色彩艺术

汽车的色彩是汽车设计中的另一个重要艺术要素。和谐的色彩设计，具有与汽车形态设计同等的重要性。一组实验显示：当人们选购汽车时，首先映入眼帘的是汽车的色彩，它占据了人们全部视线；2 分钟后，汽车的形态占 30%，而色彩占 70%；5 分钟以后，汽车的形态与色彩各占 50%。因此，在汽车的审美实践中，色彩具有先声夺人的魅力和感染力。

它不仅能吸引人们的眼球，提升购买欲望，成为选择一款车的重要理由，而且也影响着使用者的审美体验。有不少消费者常常确定了某款车型，却因没有理想的颜色而不得不放弃购车。在汽车色彩审美上，人们是有情感因素的，而色彩往往赋予人们不同的视觉感受。从认知美学的视角出发，色彩给人们的心理造成不同的感受。通常有联想感、大小感、远近感、冷暖感等。汽车色彩设计所需考虑的主要因素包括：根据汽车的使用环境和所处地理条件进行配色；根据购车的不同民族喜好进行配色。

人类对色彩具有天然的敏感性，因而在产品设计中色彩部分尤为重要。一件成功的产品，首先在色彩的搭配及选用上一定是非常和谐的。例如，红色在中国是作为一种吉祥喜庆的颜色，能够带给人们欢天喜地、积极向上的感觉。但同时红色也是血与火的象征，长时间注视，会使人产生烦恼与疲劳的感觉。因而，红色被广泛运用于汽车的仪表盘刻度和警示灯的颜色选择，起到警示和提示的作用。黄色是一种易被人眼所接受且光感十分强烈的颜色，给人们以光明、辉煌、灿烂、轻快和希望的感受，在汽车设计中多运用于雾灯的配色。在七色光谱中，穿透力最强的是红色光，因为它的波长最长。但是，在设计实践中，并没有设计师选择红色光源作为雾灯的配色，原因就在于用于照明的光线一般都选用中等波长且亮度较好的色彩，黄色在这些方面都要优于红色、绿色、蓝色、紫色等颜色。

汽车的色彩设计，有别于其他艺术领域中的色彩应用。这是因为，汽车的色彩追求情感的表达、环境的适宜、色彩的协调，力求使观赏者受到极大的感染力、亲和力和冲击力。换言之，是如何从使用者的角度出发，考虑不同类型的汽车配色原则与方案；如何运用汽车色彩艺术体现经济性、美观性、科学性与创新性。合理又独具匠心的汽车色彩设计，能对人的生理、心理产生良好影响，不仅可以克服精神疲劳，使人心情舒畅，注意力集中，而且能有效地降低工作中差错率，提高工作效率。可见，高品质的汽车色彩设计，可以提高产品的外观质量并增强产品在市场上的竞争能力。

3.1.3　汽车设计的质感体验

汽车设计的质感体验通过人的视觉、触觉来完成。它主要取决于汽车车身与内饰的材料。不同材料的应用，可以产生截然不同的质感体验和触感体验。汽车整车形体采用铸铁，有着粗糙、坚硬的感觉；氧化铝车身，具有朴实、含蓄的感觉；钢材车身，显示深厚、沉着；陶瓷车身，有着细腻、圆润的感觉；青铜材料车身，具有古朴、厚重的感觉；木质车身，具有自然、生态的视觉效果。汽车的内饰材料，采用塑料内饰，显得致密、光滑、细腻；塑料木纹贴面内饰，显得轻松、典雅、自然；美术斑纹漆内饰，具有隐现、柔软、调和的特点；有机玻璃材料，具有明澈、通透、光亮的特点；皮质内饰，有着华贵、亮丽的视觉效果；布艺材料，显得朴实、大方；沙质材料，更显飘逸、时尚。

大千世界蕴含着丰富的材料资源，等待着人们的认识和开发。在汽车设计中，设计师可以运用不同新型材料，把握它们的机能特性与审美特性，使其各自的功能得以发挥，美感充分展示，从而达到最佳的艺术效果。例如，现代汽车的保险杠材料的选择，可以选择钢板材料，也可以选择塑料材料。按材料的质感效果看，前者坚硬、挺拔，后者细腻、柔和。从汽车的功能要求出发，汽车保险杠选择细腻、柔和的质感效果，可以减轻人们对汽车产生的危险感。从经济效益上看，前者高于后者；而后者的质感效果，深受广大消费者的喜爱。

3.1.4　汽车设计的光感与环境效果

在不同的光线环境中，汽车会产生不同的光感效果。强光下的汽车，使人感觉通透、明亮，视觉冲击力较强；弱光下的汽车，使人感觉柔顺、平和，视觉冲击力较弱。

在不同的温度环境中，人们对汽车的视觉效果也会发生变化。北方气候寒冷，车身宜使用暖色调，南方气候炎热，车身以冷色调为宜。红旗牌高级旅游车就是采用这样的两种色调作为主体色，一种是暖色调，另一种是冷色调。炎热的地区，汽车不宜采用鲜艳的红色、橙色、黄色；相反，在寒冷地区，不易采用冷色系或中性色彩，如蓝色、绿色、紫色，适合采用鲜艳的红色、橙色、黄色。

在不同地理环境中，色彩会产生不同的光感效果。经常有雾的地区，汽车以采用红色、橙色、黄色较好，因为暖色对空气的穿透力较强；在黄土高原、沙漠或常年积雪的地方，采用绿色会给人带来愉快的感觉；在广阔的绿色草原，绿色汽车同环境色相同，变成了保护色，再选用绿色是不恰当的，选择红色、橙色等暖色调，会给人以新颖、美观的和谐感受。

3.2 汽车设计美学的技术要素

汽车设计的技术要素是一个比较笼统的概念。汽车既是一种包罗各种典型机械元件、各种金属与非金属材料及各种机械加工工艺的机械产品，也是涵盖多种综合技术要素的工业产品。由于工程技术角度视野下的汽车结构涉及大量的专业知识。本节仅就汽车设计美学中所涉及的人体工程学、空气动力学、汽车车身结构及汽车的工艺等技术要素进行简要介绍。

3.2.1 汽车设计与人体工程学

1. 汽车设计中的人体工程学要素

人体工程学也称人机工程学、人类工程学、人体工学或人类工效学（Ergonomics）。Ergonomics 源自希腊文"Ergo"，即"工作、劳动"；"nomos"即"规律、效果"，也就是探讨人们劳动、工作效果、效能的规律性。人体工程学由六门分支学科组成，即人体测量学、生物力学、劳动生理学、环境生理学、工程心理学、时间与工作研究学。

将人体工程学应用于汽车设计领域，主要是研究人与汽车相互作用、相互协调的关系，实现人—车—环境的和谐统一。通过对人类肌体生理特征、人类认知特征、人类行为特征与人体适应特殊环境的能力和极限的认知，可以保证驾驶人座椅舒适、操纵灵活、视野宽阔，有效降低驾驶人的行车疲劳，提高驾驶的安全性。同时，为乘员提供舒适、安全、幽雅的乘坐环境，以求达到身心愉悦、汽车与人高度和谐的最佳状态。一辆造型新颖、色彩适宜、质感亲和的汽车，是技术美与艺术美高度融合的展现。可见，汽车设计是技术与艺术的有机结合体，其中的人体工程学要素，对汽车的舒适和安全起到了关键性的作用。

2. 人体工程学在汽车设计上的应用

在汽车设计中，人体工程学技术要素力求达到人尽其力、车尽其用、环境尽其美；并使整车系统安全、高效，且对人有较高的舒适度和生命保障功能。其最终目的是提升汽车操纵系统、显示系统、视野系统等三个重要平台的使用效能。

（1）人体工程学与汽车的操控系统

汽车的操控系统经常采用自动操纵式变速器或半自动操纵式变速器。其中，自动操纵式变速器的传动比选择和换挡是自动进行的。所谓"自动"

是指机械变速器每个挡位的变换，借助反映发动机负荷和车速的信号系统，来控制换挡系统的执行元件，从而实现自动变速。驾驶人只需操纵加速踏板就可以控制车速。半自动操纵式变速器有两种型式：一种是常用的几个挡位自动操纵，其余档位则由驾驶人操纵；另一种是预选式，即驾驶人预先用按钮选定档位，在踩下离合器踏板或松开加速踏板时，接通一个电磁装置或液压装置来进行换挡。

汽车的操纵系统设计需要关注的因素包括方向盘、踏板、操纵杆、按钮、旋钮以及人的手脚操纵范围等。汽车操纵系统的最优化设计是根据人体的体形、尺寸、生理特征、运动特征、心理特征以及人的手脚操纵范围来确定的。对于如何调整人在驾驶汽车时手和脚的活动范围及空间，座椅的高度、硬度对驾驶人的影响，座椅的靠背曲线是否达到人体舒适性要求，什么形状的操纵手柄最美观且最省力、便捷，这会产生很多的设计方案。而要想获得最佳效果，设计师必须进行反复的论证和试验，选择出一种为大多数人所接受的设计方案。

汽车内部空间的布置设计，是以人体工程学所提供的人体尺度的百分位值为基础，制作一种能代表最小或最大纵向身材的人体模型样板，以便确定出车内的宜人形状尺寸和合理结构尺寸。不同地区的设计师对人体标准模型的取舍不同，就出现了欧美车空间比较宽大，日韩车空间比较狭小的现象，这是因为东亚人的平均身高和手臂长度都要低于欧美人。中国人的模型元件长度介于日本人和欧美人之间。

例如，中国国产红旗 H7 是一款由我国自主研发的高档轿车，如图 3-4 所示。作为民族品牌，它从各个角度展现出自主风格，其内部空间设计宽阔而舒适。2015 款红旗 H7 在内饰的细节设计上采用了亚光软漆内饰件和沙比利桃木装饰条，低调而不乏品质的彰显，为驾乘者带来尊贵体验。如同中国人的性格一样，秀外慧中，低调但又十分大气。

采用木质与真皮相结合的中控操纵平台在经过细致优化后，让车辆在行驶过程中的操作手感不但更加顺畅，也为驾乘者营造出全方位高雅大方的视觉效果。豪华高贵的座椅大而厚重，为可调记忆式，前排座椅有加热、通风功能，后排座椅拥有加热、通风与按摩功能，更可实现多角度的自由调节，让整个身心舒展放松。鉴于当前汽车市场的全球化趋势，为了适应世界各地区人种的身材差异，设计师通过加大座椅的可调控范围，以及采用方向盘角度多级调整等措施加以解决。

图3-4 红旗H7汽车外形及其内饰

（2）人体工程学与汽车的显示系统

现代汽车内饰设计，通常采用四类显示器：第一类是车载液晶显示器加摄像头，也是可视的倒车系统，视角达170°，死角较小，再加上后视镜，可让车主倒车无忧，摄像头有彩色与黑白两种以供选择。第二类是电视加显示器，这种应用相当于将电视搬入车内。第三类是显示器加VCD/DVD播放器，相当于在车上安装了一个简易的车载娱乐系统。第四类是显示器附带卫星导航系统。当然，这四类应用并不是独立的，一般显示器带有视频、信息输入接口，所以各种功能可以切换，比如可视的倒车后视系统加上电视，同样可接收电视节目。

汽车的显示系统，是通过可视化的数字、文字和曲线、符号、标志等图形，以及可听的声波等可感知的刺激信号，向"人"传递"机"的各种运行信息的器具。显示系统主要在车内的可视范围里，包括仪表台、显示表、耗油表、旋钮、各种显示标记、仪表的刻度等。显示系统的特点是反应迅速，以便驾驶人认读准确、减轻疲劳。需要解决的问题包括：如何设计好旋钮的形状，其色彩是否在运动中容易识别，其他各部件（显示标记）的色彩在运动中是否容易识别，仪表排列的刻度是选用方形、圆形、扇形还是椭圆形，怎样减少读数误差等。运用人体工程学进行汽车内饰显示系统布置设计，可以适合人的心理和生理特点，认读速度快且准确性较高，能减轻驾驶人的疲劳和紧张，使汽车内室具有良好的舒适性与欣赏性。

汽车内饰显示系统的人性化设计主要体现在以下几个方面：通常采用屏幕式电子显示装置；仪表板的显示位置应在驾驶人的头和眼的自然转动范围内；其高度最好与驾驶人的眼睛平齐，与视线成直角；考虑到人在正常坐姿下头部通常自然前倾，所以汽车的仪表板应相应倾斜；显示系统应选择对比强烈的色彩，使整体色彩达到鲜明协调的视感效果。

例如，宝马740轿车的显示系统设计就非常注重人与显示系统各部分尺寸的和谐，如图3-5所示。显示系统色调以香槟色和黑色钢琴漆面为主，再加上银白色的镀铬条的提亮，使整辆车的内饰在大气中彰显出亮丽的美。圆形的仪表设计与弧形的仪表板和谐统一，视觉效果清新明了，使驾驶人认知速度更为快捷、准确。整体布局充分体现了人体工程学设计原理，具有较高的科技含量，如图3-5所示。

图3-5　宝马740汽车外形及其内饰

（3）人体工程学与汽车的视野系统

汽车的视野是指在驾驶人的眼球不转动情况下，能够看见的空间范围。驾驶人对各种颜色的视野范围是不同的。因此，在汽车设计中，要按照人的视野特性安排操纵器的空间位置，把主要操作控制的指示器安置在有效视野区内，把最佳的仪器安置在最佳视觉区内。

汽车的视野按方向主要可分为前方视野、后方视野和侧方视野。前方视野是从前风窗所能看见的范围及车内的仪表板部分；后方视野是通过车内、外后视镜间接观察到的可见范围；侧方视野是驾驶员通过侧门窗等直接可见的视野范围。本部分内容将介绍如何设计汽车驾驶视野、调整驾驶人的视点并确立基准，处理好汽车的使用环境与人眼视觉特性的关系。运用人体工程学进行汽车驾驶视野设计，既能方便获得交通信号，又可避免太阳光照射产生眩晕，确保驾驶人拥有良好的行车视野，防止和减少交通事故的发生。

汽车的视野系统的宜人性设计，是采用人体工程学原理，以驾驶人的眼睛位置为定位基准，来确立合理、宜人的汽车视野性。前方视野是汽车运行中关键的视野，因此，确定好前风窗玻璃框架横框和立柱位置、科学设计前方视野的大小，直接决定了汽车预防交通事故的性能；后方视野的视角和方位主要取决于后视镜的尺寸和布置位置，因此要确定适宜的后方视野角度，使驾驶人的视觉和后方物象二者相互平衡，达到安全驾驶的宜人性效果。麦格纳国际集团推出的ReversAid™倒车辅助系统，通过缩小驾驶上的盲区，让行车更加安全便捷：当驾驶人倒车时，可以透过辅助倒车摄像机的广角视野看到车后方盲区。为方便水平视野的需要，图像有两种方式传递到车内，一种是后视镜直接变成背光 LCD 画面，另一种是通过后视镜旁侧滑出的小型 LCD 屏幕显示（该显示屏技术已获得专利），可以在不使用时收进镜架。

3.2.2 汽车设计与布局结构

在汽车设计中，较为理想的设计结构方案是在保证汽车使用功能的前提下，促进汽车车身和汽车结构的协调统一，使汽车设计美观、结构严谨，车身整体获得赏心悦目的视觉效果。汽车车身的结构设计是以汽车的整体设计为依据，以机械原理为基础，所进行的结构功能、结构方式、结构材料等优化设计。

1. 汽车车身的结构

汽车车身的结构主要包括：车身壳体、车门、车窗、车身钣金件、车身内外装饰件和车身附件、座椅以及通风、暖气、空气调节装置等。在货车和专用汽车上还包括车厢和其他装备。车身壳体按照受力情况可以分为非承载式、半承载式和全承载式三种形式。

（1）非承载式车身。该种车身显著的特点就是在汽车的底盘部分，会有专门的底盘受力结构，用来安装悬架、发动机、传动机械等。然后，在这一整体结构之上，整个人员乘坐的车身部分为另外一个整体，其特点是车身与车架通过弹簧或橡胶垫柔性连接。这样设计的主要目的是防止撞击时产生的应力对车身产生巨大的破坏，给汽车车身带来一个缓冲的作用。载重货车、专业越野车多采用这种设计方法，车身刚性好，有较强的抗颠簸性和防撞性，不过乘坐舒适性差，重心高是其美中不足之处。

（2）半承载式车身。半承载式车身是一种介于非承载式车身与承载式车身之间的结构形式，多用于大型客车。它拥有独立完整的车架，并且车架与车身刚性连接，因此，车身壳体可以承受部分载荷。其特点是车身与车架采用螺栓连接、铆接或焊接等方法刚性地连接在一起。

（3）全承载式车身。这种车身形式没有单独的承受外力底盘结构。承受外力的结构部件与乘员乘坐车身部分为一体式，该部分可直接安装悬架、发动机、传动机械等，由冲压件焊接后即成型。这种方式的优缺点刚好与非承载式车型相反，主要运用在城市家用轿车和都市 SUV 上。

车身壳体是车身部件的安装基础，通常是指纵、横梁和支柱等主要承力元件，与它们相连接的钣金件一同组成的刚性空间结构。客车车身多数具有明显的骨架，而轿车车身和货车驾驶室则没有明显的骨架。车身壳体通常还包括在其上敷设的隔音、隔热、减振、防腐、密封等材料及涂层。车门通过铰链安装在车身壳体上，其结构较复杂，是保证车身的使用性能的重要部件。钣金制件构成了容纳发动机、车轮等部件的空间。

车身外部装饰件主要是指密封装饰条、翼子板装饰罩、立体车标（如劳斯莱斯的女神，捷豹的豹子等）、车辆底盘 LED 装饰灯等。前脸格栅、保险杠、照明灯以及后视镜等附件亦有明显的装饰性。

车内部装饰件包括有两部分：一部分是汽车原厂自带的，还有一部分为车主根据需要自行增加的，如高亮度的阅读灯（原带的灯一般光线昏暗）、手机座、车内香水、车内活性炭（进行空气清新）、车内挂件、年检标志免贴架、转向盘套、座椅套、座垫、头枕、脚垫、后视镜盲点镜、车内外贴花、车窗贴膜、窗帘和地毯等。乘用车上经常应用天然纤维或合成纤维的纺织品、人造革或多层复合材料、连皮泡沫塑料等；客车上则大量采用纤维板、纸板、工程塑料板、铝板、花纹橡胶板以及复合装饰板等。

车身附件包括：门锁、门铰链、玻璃升降器、各种密封件、风窗刮水器、风窗洗涤器、遮阳板、后视镜、拉手等。在现代汽车上通常装有无线电收音机和杆式天线，在有的汽车上还装有无线电话机、电视机或加热食品的微波炉和小型电冰箱等附属设备。车身内部的通风、暖气、空气调节装置是维持车内正常环境、保证驾驶人和乘客安全舒适的重要装置。

座椅是车身内部的重要装置，由骨架、座垫、靠背和调节器等组成。座垫和靠背具有一定的弹性。调节器可使座位前后或上下移动以及调节座垫和靠背的倾斜角度。一些座椅还有弹性悬架和减振器，可对其弹性悬架加以调节，以便在驾驶人的体重作用下仍能保证座垫离地板的高度适当。一些高档汽车的座垫还具有加热制冷的作用，这样即使驾乘人员经过长久的行驶也不至于感觉不适。为保证行车安全，在现代汽车上广泛地运用了对乘员施加约束的安全带、头枕、气囊以及汽车碰撞时防止乘员受伤的各种缓冲和包垫装置。

2. 车身结构对汽车造型设计的影响

研究汽车结构的目的，是为了探索一种新的设计方法，通过内在形态的合理搭配，显示设计师对汽车车身结构与审美设计的融合；依据一定的工作原理，让汽车车身组成既满足产品的结构功能需要，又具有审美情趣的结构系统。

汽车车身结构与汽车的形态有着密不可分的联系，它们之间既相互对立又相互依赖。车身设计是由车身结构作支撑，汽车的结构是汽车车身设计的有力保障。不同的结构方式，对汽车造型的布局和造型的细节都有直接影响，尤其对汽车车身的外观影响较大。因此，设计师首先要选取合理的汽车结构方式，再按照合理结构的特点去塑造它的外形。也可以先按汽车车身设计所需要的外观形状，去选取合理的车身结构方式，来获得结构性能好、造型美的汽车设计艺术效果，给使用者带来高效、舒适、美观的享受。

在汽车车身设计中，对汽车的前风窗支柱、侧窗支柱及后风窗支柱设计较为理想的方案是风窗支柱越窄、越细越好，甚至不设风窗支柱（即A、B、C柱）从而达到车身造型通透、视觉开阔的理想视觉效果。但是，汽车在行驶的过程中，风窗支柱过于细窄，它的结构方式以及风窗支柱的钢度和强度，远远满足不了运动中汽车风窗的支撑力要求。

较为理想的设计结构方案，是采取优化的风窗结构，将风窗支柱面积降低到既小又能保证它应有的承载系数，使其钢度和强度能够承受行驶中汽车的功能要求。同时，保证汽车车身外观均齐统一、整体性强，外部线型风格协调一致，操作方便安全。当今市面上的汽车产品主要有以下五类。

（1）A、B、C柱齐全。此类汽车是人们日常生活中最为常见的，不再赘述。

（2）只有A、C柱。这个种类的车型多像劳斯莱斯那样的高档商务车，采用这种设计方式的车型多是对开式车门，如图3-6所示。对开式车门的优点体现在其张度要比普通闸式车门大，从而上车不用弯腰弓背，让上车变得优雅。还有就是对开门可见度比较大，显得车体内部空间更大，给人带来一种视觉上的冲击效果。劳斯莱斯设计总监伊恩·卡梅伦谈到对开式设计时说："虽然对开式的车门生产成本非常高，但这是我们进出汽车的最佳方式。"

图3-6　劳斯莱斯古斯特

（3）只有 A、B 柱。此类型的汽车造型多出现在一些超级跑车中。发动机后置的跑车一方面要给发动机足够的安置空间，另一方面舍弃了跑车中不必要的后排座椅，从而只设计有两个车门，即无 C 柱的车型。例如法拉利 LAFERRARI 便是十分典型的发动机后置，双开门无 C 柱车型，如图 3-7 所示。

图3-7　法拉利LAFERRARI

（4）只有 B、C 柱。这种车型比较少见，柯尼塞格是最具典型的代表，如图 3-8 所示。Koenigsegg 一词是"刀锋"的意思，是瑞典一家汽车公司。它的标志是瑞典皇家空军的标志，为一幽灵的图案，所以它又被称为"幽灵跑车"。1994 年，瑞典一群有汽车工业经验和专业知识的优秀设计师和工程师，以克瑞汀·凡·科尼塞格的名字，在瑞典南部安吉荷姆附近成立了这家汽车厂。

柯尼塞格给人带来的最深刻印象就是前挡风玻璃的设计。圆滑的一整块曲面玻璃从前端一直延伸到车门，毫无隔断。该款车型总体外形设计犹如科幻电影里的 UFO，令人产生无限遐想。

图3-8　柯尼塞格

（5）拥有 A、B、C、D 柱。这种情况多出现在 SUV、MPV、商务车与旅行车上，例如 SUV，在正常的乘坐空间之外又增加一个行李舱，如此便产生了起到稳固车体作用的 D 柱，如图 3-9 所示。同样的，其他几类车型的结构原理也是如此。

图3-9　路虎揽胜

3.2.3　汽车设计与空气动力学

1. 在汽车设计中引入空气动力学

汽车设计美学需要考虑汽车的形态艺术和空气动力学造型之间的平衡。前者具有感性的美学特征，后者则具有理性美的严谨。两者之间，即是对立的矛盾体，又是相互依存的有机体。一个好的汽车车身设计，不仅是美的艺术品，更是符合空气动力学的科学产品。

空气动力学是流体力学的一个重要分支，它研究物体在与周围空气作相对运动时，两者之间相互作用力的关系及运动规律的学科。众所周知，车速越快阻力越大，空气阻力与汽车速度的平方成正比。如果空气阻力占汽车行驶阻力的比率过大，会增加汽车燃油消耗量或严重影响汽车的动力性能。空气动力学对汽车的动力性、经济性、操纵性、稳定性等有着重要的影响。据测试，一辆以100km/h速度行驶的汽车，发动机输出功率的80%将被用来克服空气阻力。如果减少空气阻力，就能降低油耗，有效地改善汽车行驶的经济性。因此，汽车设计师非常重视空气动力学的应用。厂商在介绍各种汽车性能时，经常提到的"空气阻力系数"，就是空气动力学中的专用名词，也是代表汽车性能的重要参数。

2. 空气动力学在汽车造型设计中的应用

世界汽车车身造型的发展与汽车工业在空气动力学上的技术进步息息相关。空气动力学在汽车设计上的应用研究，主要针对降低气动阻力和改善高速、侧风条件下的升力与侧向力引起行车不稳定等问题。汽车风阻主要来自五个方面：（1）外形阻力，指汽车前部的正压力和车身后部的负压力之差形成的阻力，约占整个空气阻力的58%。（2）干扰阻力，指汽车表面突出的零件，如保险杠、后视镜、前牌照、排水槽、底盘传动机构等引起气流互相干扰产生的阻力，约占整个空气阻力的14%。（3）内部阻力，指汽车内部通风气流、冷却发动机的气流等造成的阻力，约占整个空气阻力的12%。（4）由高速行驶产生的升力所造成的阻力，约占整个空气阻力的7%。（5）空气相对车身流动的摩擦力，约占整个空气阻力的9%。这些方面对低风阻的要求是共同的，因此，追求最低流动阻力车身造型，一直是空气动力学研究的前沿课题。

空气阻力系数是衡量汽车性能的重要参数。汽车在行驶中，围绕着汽车重心产生了纵向、侧向和垂直三个方向的气动力。其中，纵向气动力是最大的空气阻力，并受制于空气阻力系数。降低气动阻力是汽车空气动力学优化设计的一项主要内容。当汽车的长、宽、高和整体尺寸确定后，迎风面积随之确定，设计师便不能在迎风面积上作过多的调整，只能尽可能地降低风阻系数。据有关实验报告，空气阻力系数每降低10%，燃油节省7%左右。

设计师可以通过以下两种方法降低汽车的风阻系数：一种方法是通过局部的最优化，来逐步降低风阻系数；另一种方法是从具有低风阻系数的汽车造型入手，逐步改变形状，使其成为既符合审美要求又符合空气动力学要求的汽车产品。在汽车设计中具体方法包括：汽车的外行一般用圆滑流畅的曲线来消隐车身上的转折线；发动机舱盖向前下倾；车尾行李箱盖短而高翘；后翼子板向后收缩；风窗玻璃采用大曲面玻璃并与车顶圆滑过渡；前风窗与水平面的夹角一般在25°~33°之间；侧窗与车身相平；前后灯具、门把手嵌入车体内；车身表面尽量光洁平滑；车底用平整的盖板盖住；降低整车高度等。这些措施都有助于减少空气阻力系数。在实践中，具有低风阻系数、后背行李箱隆起的凹背式汽车车身，尽管看起来有些"粗笨"，但是它有利于降低风阻，同时能提供较大的行李箱空间，因而受到欢迎。

改善高速、侧风条件下的升力与侧向力，可以提高行驶与操纵的稳定性。汽车高速行驶时，由于汽车造型上部和下部气流流速不同，使车身上部和下部形成压力差，从而产生了升力，直接影响汽车操纵的稳定性。为了减少因车速增加所产生的升力，设计师应用空气动力学原理，研制出导流板与扰流技术，将从车顶冲下来的气流阻滞，并使之产生负升力，用来抵消车身上的升力，有效地改善了行驶与操纵的稳定性。例如，奥迪TT是这方面的经典之作，如图3-10所示。从该车的空气动力学造型上看，平顺光滑的车身表面风阻系数小，空气动力性能大大增强。整车造型严谨，具有良好的理性美特征。从艺术造型上看，该车前风窗与后风窗相互呼应。车身侧围选择了刚毅、平滑的线条，整车造型洒脱、流畅，富有个性。

图3-10　奥迪TT

　　回顾历史，空气动力学在汽车车身设计的应用，最早发生于20世纪30年代的甲壳型汽车，其流线型车身能够降低气动阻力，但对横风不稳定。20世纪50年代，出现船型车身，是横风不稳定的探索改进，而在高速中会产生较强的空气涡流。鱼型车身涡流阻力较小，其侧面的阻力也较小，但在高速时会产生一种升力，使车身挡不住横风，易发生偏差。20世纪80年代，出现空气动力性能优化的楔型汽车，其车身有效地克服了升力，在减小空气阻力的同时，利用空气动力技术，改善了汽车行驶的稳定性。楔型汽车符合节约能源、减小风阻系数和提高空气动力性能等要求，它长头短尾，车头前端低矮，线条前低后高，尾部保持丰满并向上翘起的造型风格。

　　汽车后视镜的气动干涉阻力在汽车造型中也需加以考虑与运用。众所周知，后视镜是独立凸出车身的零部件，因此它之于整车的气动干涉阻力影响占据了较大的比重。在当今提倡节能环保、低油耗少排放的社会大趋势之下，汽车外观造型中后视镜所带来的各方面影响则不得不让设计师们愈发重视。

　　影响后视镜的气动系数使整车气动阻力增加主要有两个方面的原因：一是在汽车行驶的过程中，由于后视镜凸出于车身之外，使汽车的迎风表面有所增加，以此形成了压差阻力，从而增加汽车行驶阻力；二是后视镜由于造型的原因，容易使汽车在运动中尾部出现明显的气流分离，这会使侧窗 A 柱附近以及由此波及的车尾流场区域更趋于紊乱，因此增加整车的涡量损耗。这两个方面的影响并不是独立存在互不干涉的，相反其二者关联紧密，相互制约。

后视镜对整车的气动阻力之于驾驶人来说并不能有所察觉，但由其风阻而产生的噪音则会对汽车驾乘人员的行驶感受有较大影响。如何设计出合理且美观的汽车后视镜，从而降低气动阻力与噪音是设计师们所要周全考虑的。一辆成功的汽车问世，并不仅仅因其华丽的外观、高效的性能；实用程度亦十分重要，其中就包括降噪功能是否完备等。

当前，空气动力学在汽车车身设计的应用主要是为了做到既节约能源、减小风阻系数，又能实现好的车身外观的统一。从设计美学的理性思维方式讲，要按风阻力系数理性化设计汽车外形，但产品很可能使消费者感觉到呆板、生硬，缺乏人的主观感性认识和亲和力。在汽车车身设计中，还有一种倾向是感性设计。设计师凭自身的修养和质感体验，来塑造车身形体，体现为产品的视觉效果好。但这种设计缺乏严谨性、缺乏理性化，不仅很难达到空气动力学的最佳风阻效果，而且在工艺结构与加工工艺上也无法实现。本书提倡的汽车设计美学方法，是感性设计先行，充分吸纳感性设计的人文气息，使车型表达出独立的民族、地域、时代个性。当感性设计初步方案形成后，再进行理性设计调整。运用空气动力学尽量降低汽车的风阻，尽量符合可以完成的车身结构的特点，尽量满足可以达到的车身加工工艺的要求，使整车及各部件的设计趋于标准化、规范化。

3.3　汽车设计美学的材料要素

3.3.1　汽车设计与材料选择

在研发新汽车的过程中，采用合理的材料去创造最佳的视觉效果，采用功能、结构匹配的车身材料，塑造出符合车身刚度和强度的新型结构，使其达到加工工艺简便精湛，满足现代化汽车造型设计的工艺要求。可见，汽车设计中的材料选择问题必须进行专门考虑。

1. 汽车造型材料选择的作用

汽车造型设计在一定程度上取决于应用材料的发挥。设计师只有巧妙地运用各种材料的特性，才能顺利完成汽车造型设计的功能要求。鉴于汽车造型的材料对汽车造型影响较大，而汽车的结构也直接受到汽车造型材料的制约，由此，当汽车的造型与结构尚未确定之前，首先需要根据汽车造型和结构的特点，合理地选择汽车材料，以满足汽车、功能、结构、工艺、环保的要求，实现轻量化、高强度、高性能的目标。

2. 汽车造型材料选择的原则

车身、装饰、性能都需要考虑材料的选择。在汽车研发的初期，设计师首先应考虑选择什么材料，才能保证汽车的功能要求。因为选择适当的汽车材料，是完成汽车造型技术性与艺术性的基础条件。在实际操作中，选择汽车材料主要把握以下原则：（1）针对汽车的功能和结构要求，确保汽车整体结构与各部零件的刚度和强度，达到其性能的发挥。（2）选择适宜的装饰材料来塑造汽车外形与内饰，使材料与设计之间达到互融互补的作用。（3）无论选用金属材料还是非金属材料，应本着厉行节约的原则，尽量选择既经济又实用的低成本汽车材料，在确保车身刚度和强度的前提下，实现工艺简洁、成本低廉的产品造型。（4）选择材料还应考虑产品对人的影响，是否含有不利于人体健康的物质，以及采用该种材料在汽车行驶过程中是否能起到有效的降噪作用。

3.3.2　汽车设计材料的种类与特性

1. 汽车设计材料的种类

汽车造型设计的材料品种繁多。通常按照材料的成分，将汽车材料分为金属材料和非金属材料两大类：金属材料主要是钢、铝、锌、镁、铜等；非金属材料主要有木材、塑料、纺织品、玻璃、橡胶、石棉、复合材料、油漆、皮革等。为减轻汽车自身质量，提高节油效率，降低排气污染和提高安全性，汽车制造厂家竞相研制新材料，复合材料和纳米材料近年来被大量应用。

2. 常用的设计材料

（1）普通低碳钢。目前，普通低碳钢常应用于中低档汽车造型。它具有良好的强度和刚度特性，还具备很好的塑型加工性能，并能满足汽车造型拼焊的焊接要求。汽车造型的覆盖件选用的钢板材料占 50%，而钢板材料的加工，又多采用冷冲压工艺完成。因此，钢板的材质与冲压件之间应有良好的匹配，反之会降低零件的成品率，使其增加成本。

（2）特殊钢板。特殊钢板是随着汽车造型轻量化的要求应运而生的。常用的有高强度钢板、含磷冷轧钢板、烘烤硬化冷轧钢板、冷轧双相钢板和高强度 1F 冷轧钢等涂层钢板及焊接钢板等。其中，利用高强度钢的抗拉强度大的特性，可有效地提高汽车造型的抗冲击性能，防止汽车在行驶过程中，由于路面的砂石碰撞产生凹陷，提高汽车的使用寿命。利用涂层钢板表层涂镀防护层的特性，避免汽车受高温、高湿、高寒等恶劣气候条件的影响，提高汽车寿命。利用焊接钢板的耐蚀特性，可简化生产工艺、降低模具和焊装夹具制造成本，提高零件性能的稳定性。

（3）铝合金。在汽车造型设计中，汽车造型零件选用铝合金材料由来已久。由于纯铝材料的强度、刚度及工艺性能不够理想，所以加入铁、铜、硅、镁等成分制成合金。通常，汽车造型采用铝合金，有冷轧板与热轧板两种。与汽车钢板相比，铝合金具有密度小（2.7g/cm³）、强度高、耐锈蚀、热稳定性好、易成型、可回收再生等特点，其使用技术成熟。德国大众集团的奥迪 A2 轿车，由于采用了全铝车身骨架和外板结构，其总质量减少了 135kg，比传统钢材料车身减轻了 43%，使平均油耗降至每百公里3 升的水平。全新奥迪 A8 通过使用性能更好的大型铝铸件和液压成型部件，车身零件数量从 50 个减至 29 个，车身框架完全闭合，这种结构不仅使车身的扭转刚度提高了 60%，还比同类车型的钢制车身车重减少 50%。

（4）塑料。近年来，塑料材料已经渗透到汽车造型设计中，成为应用最为广泛的材料。有关资料显示，通用塑料与金属比较，具有质量轻（密度为 0.9~2.2g/cm³）、可吸振和减噪、易于成型和入色、隔热、绝缘和耐腐蚀等特点。但也有机械强度低、耐热性差、低温脆性较大、尺寸稳定性差、易老化的缺点。

为了克服以上通用塑料在汽车造型设计中的不足，改善和强化其性能，设计师利用添加、渗透各种助剂材料的方法扬长避短，工程塑料应运而生。与通用塑料相比，工程塑料具有优良的机械性能、电性能、耐化学性、耐热性、耐磨性、尺寸稳定性等特点，且比要取代的金属材料轻、成型时能耗少。从 20 世纪 70 年代起，以聚丙烯、聚乙烯、软质聚氯乙烯、聚氨酯为主的泡沫类、衬垫类、缓冲材料等塑料在汽车造型设计中被广泛采用。

其中，聚丙烯材料密度小、价廉、耐热、耐化学药品、耐磨损，通常用于汽车的散热器面罩、风扇护风圈、仪表板、围板、转向盘、保险杠、风扇罩、后视镜壳体、熔丝盒、蓄电池支架、分电器盖、灯壳及地板的零件的造型设计。聚乙烯材料主要分为高密度聚乙烯与低密度聚乙烯两种。高密度聚乙烯材料耐低温性好，耐化学药品、价廉、常温耐磨性好，适用于汽车空调系统的通风管等一般汽车零件；低密度聚乙烯材料有良好的电性能和耐化学药品性，柔软性好，耐冲击，适用于汽车空调系统的通风管，发泡后可做前围隔热板。聚氯乙烯材料分为硬质聚氯乙烯和软质聚氯乙烯材料两种。软质聚氯乙烯材料在汽车造型设计中应用广泛。软质聚氯乙烯耐磨性好，有弹性，价廉，电绝缘性好，加工性好，但热稳定性差，易老化，适用于汽车零件软管、堵塞、挡泥板及薄膜等汽车零件。聚氨酯材料弹性好、耐油、耐寒、隔热、减振性好，适用于汽车造型的密封罩、球座、球头碗、减振垫。

（5）橡胶。在汽车造型设计中，橡胶材料主要用于汽车轮胎、密封条、减振件、密封件、油封、O型圈、软管等部件。橡胶材料分为天然橡胶与合成橡胶两种。目前，汽车造型设计采用的橡胶材料一般分为普通橡胶（A）、最好的耐油胶、较好的耐油胶（B）、中等的耐油胶（C）、耐热耐寒胶（D）、高温耐油胶等几类。在合理的部位安装密封条有益于提高整车的使用性能，例如防雨和降噪。

普通橡胶（A）包括：天然橡胶，具有高弹性、高强度、疲劳性好，但不耐油、耐热性差，适用于减振橡胶件、一般橡胶件；丁苯橡胶，具有高弹性、高强度、疲劳性好、耐磨损但不耐油的特性，适用于汽车轮胎、减振橡胶件、密封条等；乙丙橡胶，具有耐臭氧、耐化学药品，耐热电绝缘性好，不耐油的特性，适用于汽车风窗密封条、散热器软管、绝缘制品、减振橡胶件。

较好的耐油胶（B）材料的代表是丁腈橡胶，具有耐油、耐水、气密性较好但耐热性较差的特性，适用于汽车低速油封、O形圈、密封垫。

中等的耐油胶（C）材料包括：氯丁橡胶，具有耐油、耐化学药品、耐热性好但耐寒性较差的特性，适用于汽车的密封条、制动软管的外层胶、液压转向用的橡胶件；氯化聚乙烯橡胶，具有耐侯、耐臭氧、耐化学药品、绝缘性好、强度中等的特性，适用于汽车电缆与密封条等。

耐热耐寒胶（D）材料的代表是硅橡胶，它具有良好的耐热、耐寒性，电绝缘性好，但强度低，耐油性一般，适用于汽车电缆、电绝缘制品、密封垫。

橡胶的另一个作用就是被运用到汽车的刹车系统中，现在主流的汽车刹车装置主要有鼓式刹车系统和盘式刹车系统。综合以上两种刹车系统的优缺点，现在的汽车制造商多会采取前盘后鼓的刹车系统，以期达到更好的刹车效果。

（6）织物与皮革。织物和皮革在汽车造型中，主要用于内饰材料。织物是由各种纤维编制而成的，主要有化学纤维和天然纤维两种。皮革是由自然界动物的毛皮经过加工而成，常见的皮革有羊皮、猪皮、牛皮、鹿皮等。织物和皮革材料及制品主要用于汽车内饰和汽车篷布、遮阳板、座椅、侧护板、安全带、窗帘及地毯等。例如，汽车座椅的面料，多选择纤维织物，也有选用人造革和皮革。

（7）玻璃。玻璃是由有机材料、无机材料、复合材料所构成的，在汽车造型中主要应用于车窗。前、后风窗及侧窗的材料选择要具有一定的统一性。常见的汽车玻璃材料有夹层玻璃、钢化玻璃、局部钢化玻璃以及热反射与吸热钢化玻璃，各自都有不同的材料特性。设计师应根据不同汽车的功能要求，选用不同的玻璃材质。

汽车玻璃是汽车车身附件中必不可少的，主要起防护作用。汽车玻璃主要有以下三类：钢化玻璃、局部钢化玻璃和夹层玻璃，均能承受较强的冲击力。汽车玻璃的生产不同于普通的玻璃制作。以汽车的侧窗局部钢化玻璃生产为例，汽车玻璃在加热炉内加热到接近软化的温度，随之将玻璃迅速送入不同冷却强度的风栅中，从而使玻璃不同区域位置受到不均匀冷却。这样一来玻璃的主视区便与周边区域产生不同的相互应力，处于风栅的强风位置的周边区域，得以全钢化，故钢化强度高；主视区处于风栅受热较低的位置，虽然钢化强度低，但其开裂后碎片较大，在出现危急情况下对驾乘人员起到了最大限度的保护作用。

汽车玻璃按其所在的位置分为前风窗玻璃、侧窗玻璃、后风窗玻璃和天窗玻璃四种。不同的部位要用不同类型的玻璃，这是源于车身特定的技术要求。例如，车身侧窗采用局部钢化玻璃的原因之一就是汽车的车门轮廓线为一条曲线，如果想让车窗玻璃能够完全地降低入车门中，则需要将玻璃分为两部分，以期减小其整体的面积，从而达到目的，而车窗的前、后侧玻璃也就因此而产生。

再举个例子，为什么对于前风窗玻璃，国家要强制规定其必须是夹层玻璃。这是因为前风窗玻璃主要有两方面作用：（1）为驾驶人提供良好的视野。（2）使驾乘人员免受不必要的危险，提高驾驶的安全程度。再来看后风窗玻璃，之所以设计成带电加热丝的钢化玻璃，一个最主要的原因是通过电热丝来消除外界冰霜雨雾的影响，从而提高驾驶人对后方情况的判断。

现在部分汽车生产厂家为了追求设计的美感，增强车型的运动与力量感，将汽车车窗设计为无边框形式。这种设计的好处是：（1）提高了车身的整体设计美，使汽车充满了技术美，大部分高档的跑车均采用这种设计方法。（2）在遇到突发事故时，可以有效地防止车门变形影响救援，提高安全性。这种车门的开闭方法是，车门开启时将自动地把玻璃略微下降，车窗与车体的连接方法为密封胶条接触，所以大可不必担心漏雨，不过降噪的效果将较传统车窗会有些许的不足。图 3-11 为意大利玛莎拉蒂 GC，它采用了无框车门设计。

图 3-11　意大利玛莎拉蒂 GC

（8）油漆。汽车的油漆材料是喷涂在汽车车身及零件表面的材料，具有双重作用：车身防腐防锈，美化和装饰汽车的形体。油漆材料是一种流动性的液体，能在车身表面形成连续的薄膜，经过自身物化过程，形成牢固附着在车身表面的坚硬外皮，对于汽车造型起到保护和装饰的双重作用。

汽车造型的喷涂工艺是一项传统、成熟的工艺。它需要打磨底漆、烘干、喷涂、上光等工序，双色或多色汽车还需要分色、遮盖等工序。设计师不仅要掌握汽车喷涂技术，也要熟悉油漆的色彩特性，以便在汽车造型色彩调配中运用自如。

3.3.3　汽车设计材料的发展趋势

目前，世界各大名牌汽车公司都在有针对性地研发和应用新型汽车材料，以提高汽车的质量，减轻汽车的重量，减少燃油消耗，提升结构强度，完善噪声、振动、冲击指标，实现节能、安全、轻型、舒适、环保等目标。

1. 回收再利用

在汽车造型设计中应考虑材料的回收和再利用。目前，汽车上约占自重 25% 的材料无法回收再用，其中，塑料、橡胶、玻璃以及纤维各占1/3。因此，汽车材料的回收再生成为一个重要的研究领域。目前的回收利用方法一般以下几种方法：颗粒回收，重新碾磨；化学回收，高温分解；能源回收，将废弃物改为燃料。汽车材料回收效果较好的国家为德国与日本。

2. 减少材料的品种

未来汽车造型所用的工程塑料类型，将会发生巨大的变化。目前，工程塑料汽车高分子材料组成较多。各大汽车公司都致力于减少车用塑料的种类研究，力求使其通用化、标准化、系列化。这将有利于材料的回收再生和生态环境的保护。

3. 降低成本

通过对汽车造型新材料的价值分析，降低成本的主要途径是用新材料逐步代替老材料。同时新材料的成本也会相应降低。作为主要新材料的高强度钢、玻璃纤维增强材料、铝和石墨增强，其成本分别为普通碳钢的1.1倍、3倍、4倍和20倍。所以只有大幅度降低这些新材料的制造成本，才可能使诸多新材料进入批量生产。如玻璃纤维增强材料及碳素纤维，将在成本上成为钢材的有力竞争者，虽然它的重量减轻有限，但价格低廉。

4. 注重增加降噪材料的开发与选用

汽车的降噪材料主要用于车辆在行驶过程中有效隔绝外部噪音，使驾乘人员拥有舒适的乘车体验。汽车在行驶过程中所发出的噪音主要来源于以下几个方面：（1）发动机的噪声。汽车发动机噪声会随着车速的不同而改变，通过发动机防火墙、冷却管等部件传入驾驶舱内。（2）路噪。主要由汽车底盘部件的传动响动和路面砂石敲击底盘的噪声组成。（3）胎噪。是汽车在行驶过程中，由于路况的不同，轮胎与地面摩擦而产生的一类噪音，不同路面条件产生的噪音大小也相应有所不同。（4）风噪。主要是由于风的冲击而产生。（5）共鸣和其他。汽车本身就是一个金属的箱型物体，各方面的噪声响动都会由汽车共振、反射等而传入人的耳朵。

汽车隔音材料的代表有丁基橡胶、属于环保的阻尼片、橡塑、EVA/EPDM板材等。丁基橡胶以其独有稳定的吸能性、耐低温性、吸水性、透气性、热不变性成为了现如今汽车隔音材料的首选。相比于沥青制震胶，由丁基橡胶材料制成的隔音胶条不但耐温性好，且在高至300℃和低至 −80℃的环境下其性能依旧相对稳定，不变形、不开裂，并能与被粘贴物稳固相连；但其使用成本相较沥青制震胶则略微有所增加。

5. 研发先进制造工艺

新技术、新工艺的产生，为汽车造型新材料的应用开辟了美好的前景。例如，在车身轻量化设计的连接工艺上取得的突破让德国某汽车公司在大批量生产的轿车上采用 CO_2 激光束焊接，与传统的焊接工艺相比，焊接成的高强度钢板车身的强度提高了50%。

6. 改变车身设计的优化设计法

CAD、CAF、CAM等计算机辅助设计、计算机辅助制造的应用，对传统的汽车设计方式和制造方法产生了重要影响。汽车造型材料的加工工艺，也将随之发生变化，为新兴汽车材料的发展奠定了基础。

在汽车造型中大量采用新型材料后，传统的车身结构及设计方法可能不再适用，取而代之的是一种基于生物学增长规律的形状优化设计法。这种设计方法即能减少零件数量，又延长了零件的使用寿命。此外，采用新的设计方法还能使车身零件数大幅度减少，这说明轻量化设计具有极大的潜力。在汽车产品向着节能、轻型化发展的当今社会，很多汽车厂家力求以塑料取代钢板制造车身本体。最新研发的新型材料车身有塑料车身、玻璃钢车身、陶瓷车身以及全铝车身等，旨在实现轻质量、少耗能、易回收的目标。

3.4 汽车设计美学的经济要素

汽车设计在充分考虑提高汽车车身结构性能的同时，还需要统筹兼顾投入—产出问题。同时，汽车设计又有别于一般的艺术设计，因为它在提升汽车车身形态艺术性的同时，也要注重汽车车身形态与功能，以及汽车形态与生产及营销相统一的经济价值。可见，汽车设计是一项将科学技术、艺术探索、经济效果有机统一的创造性活动。本节将专门介绍汽车设计美学的经济要素。

3.4.1 汽车设计的价值工程

价值工程也被称作价值分析，是研究经济与技术相结合的一门新兴学科。将价值工程导入汽车设计，就是通过对汽车形态、功能的分析，探索降低其成本的途径。在此之前，有几个概念需要明确。

1. 汽车的价值

汽车的价值是指汽车对人、社会、生产企业的整体效用。对使用者的效用，是其在使用汽车的过程中满足生理和心理需求的程度；对社会的效用，是实现对全社会公共资源的节约程度；对企业的效用，是指汽车厂商实现经济效益最大化目标。现代汽车的价值观念是汽车厂家必须从使用者的需要出发，考虑汽车的功能如何全面满足使用者的需求。

2. 汽车的功能

汽车的功能是汽车相对使用者所具有的作用、用途及工作能力。从价值工程的视角看，使用者购买汽车的实质是购买汽车的功能。汽车的功能按性质，分为物质功能和精神功能。物质功能与使用、技术、经济有关；精神功能主要表现在与使用者的生理、心理方面有关的功能。汽车的功能按使用者的需求，可分为必要功能和不必要功能。必要功能是指为满足使用者需求必须具备的功能；不必要功能是指汽车配置与使用者刚性需求关联较弱的功能，也被称为过剩功能。汽车功能按重要程度，可分为基本功能与辅助功能。基本功能是汽车的最基本用途，辅助功能是为了更好地实现基本功能。

3. 汽车的成本

汽车的成本是汽车从设计研发到批量生产再到使用维护这一全过程产生的费用总和。主要包括汽车设计、生产、销售过程中的费用，以及使用、维修、保养过程中的费用。从汽车厂家和使用者的共同利益看，降低汽车的成本总费用，是提高汽车价值的基本途径。例如，某汽车改装厂生产的传统大客车，由于原有车身整体造型臃肿烦琐、结构陈旧复杂，很难应对激烈的市场竞争。为了开拓市场、打开销路，该厂大胆引进价值工程设计方法。首先，将客车的车身整体与局部附件进行有目的的分类，并确定车身造型改进的重点对象；其次，对重点部件进行价值分析，如对前风窗与侧窗之间相互过渡与呼应的分析和前风窗与侧窗的成本分析等。最后，在保证质量和不减少车身功能的前提下，简化了前风窗与侧窗上不必要的装饰设计。经过上述改进后，每台客车不但降低了30%的生产成本，还压缩了35%的装饰材料用量，为该厂带来了可观可喜的经济效益。

然而，当汽车的成本费用降低到一定程度，只有提高汽车设计质量，创造出更新、更好的功能，才能进一步提高汽车的价值。当前，美国、德国、法国、日韩等国都已广泛应用价值工程。采用这套科学方法之后，产品的造型设计能够在相同的功能或略有提高的条件下，使生产成本降低20%以上。一般而言，提高汽车的产品价值有五种方案。

（1）假设成本不变，车身设计的艺术性提高，汽车的价值提高。例如，相同售价的两辆汽车，一辆造型新颖、色彩适宜，另一辆造型陈旧、色彩乏味，消费者自然会选购前一种产品。在同样的造价比对中，前者比后者艺术价值高，更受青睐。

（2）在同样功能的条件下，车身设计的成本下降，实用价值提高。例如，具有相同功能的轿车，由两家汽车厂来生产：一家采用了铝合金为主体的车身，其造价昂贵，成本较高；另一家采用了以钢板为主的车身，成本较低。可见，在同样功能的条件下，汽车车身设计选材的成本降低，实用价值便会提升。

（3）车身的功能提高，且成本降低，产品的实用价值提升。例如，汽车造型的演进经历了箱型—甲虫型—船型—鱼型—楔型等几个阶段，早期汽车速度慢，功能差，加工工艺繁杂，成本较高；现代汽车速度快，功能强，工艺简洁，成本较低。从早期汽车到现代汽车，汽车的使用功能与艺术功能得以提高，生产成本不断降低，实用价值日益提升，这是汽车价值工程进步的标志。

（4）车身的功能大幅提高，同时成本也略有提高，实用价值也有提高。例如，将空气动力学应用于汽车造型设计，以减少风阻，提高车速。汽车车身设计，从使用功能和艺术功能上，打破了以往箱型车的设计格局，将头灯、备胎、脚踏板都隐入车身内，汽车的头部和尾部多采用光滑曲面、曲线和弧线过渡来造型，前后翼子板同侧围装饰有机结合成一体，使车身形体圆滑流畅。尽管设计成本也有所提高，但实用价值同样得到了提升。

（5）产品功能虽有所降低，但成本却大幅度下降，实用价值也有所提高。例如，某汽车厂生产的高级旅游车，室内设置了冰箱和饮水机，成本较高。如果去掉这两套设施，用来增强座位，虽然旅游车的辅助功能会有所降低，但可以提高载客量。这种方式是设计师在比较产品功能和生产成本之后，进行取舍后的方案，使生产成本大幅度下降。

3.4.2　价值工程在汽车设计中的应用

伴随汽车工业的飞速发展，价值工程的产品功能分析，降低成本和功能评价的方法将得到进一步的完善，成为一项行之有效的先进管理方案，可以不断提高汽车造型设计品质，促进汽车造型设计技术水平跃上一个新台阶。当前，价值工程在我国汽车设计中的应用状况还差强人意，其应用方法和操作程序尚未统一规范。笔者根据在实践领域的调研，就方法和程序上如何应用价值工程问题，提出了六个主要环节：选择汽车造型对象；收集汽车造型资料；分析汽车造型功能效益；设计汽车造型方案；选定汽车造型方案；决定汽车造型方案的实施方法。以下分别进行简述。

1. 选择汽车造型对象

选择汽车造型对象的具体思考方法很多，常用的方法有六种，即从最面广的产品中选择、从畅销产品中选择、从退货多产品中选择、从成套产品中选择、从结构复杂的产品中选择、从关键造型部件中选择。

在汽车造型设计中，主要选择新产品研制和对老产品改造。众所周知，汽车行业模具的成本不定，所以企业会更多地关注增长型创新，也就是对已经存在的车型进行改进，或者对已有车系种类进行拓展。但是，要应对市场经济可能发生的各种情况，开发能够拓展公司根基的革新式创新型产品同样至关重要。虽然创新型产品的挑战和风险巨大，但通过革新可以为新用户提供全新的产品，从而开拓出新的市场。在新产品的选择中，产品的生产批量和时代感是一个很重要的因素。例如，产品的批量大，有了一点节约，积累的总数就很可观。再如，汽车造型的更新换代，应充分考虑老产品造型优点的继承；同时，以新的眼光去挖掘老产品造型潜在的优点，加以发挥；还可以在某些局部，去掉几件不必要的装饰，不仅可提高产品艺术功能，而且相应降低了成本。再强大的组织也要未雨绸缪，不同领域的设计团队、市场调查，对比分析、头脑风暴、对于创意的发散思考等，这些对于不可预见事件都有着至关成败的作用。

2. 收集汽车造型资料

情报是价值工程分析的必要知识储备。在汽车造型设计中，应将产品生产、流通、交换、消费全过程中的有关情报资料都收集起来，以作为相应的判别基础。搜集情报要具有全面性、可靠性、系统性、经济性、适时性、计划性。在实际工作中，应从汽车造型的市场消费情报开始，收集汽车造型风格情报、科研情报、工艺产品制造情报、产品材料情报、产品能源消耗情报、产品三废处理情报、产品协作情报、产品商业销售情报、国内外同类型产品综合情报等。对产品设计、汽车需要的零件、组件规格、材料生产成本、销售成本及推广费，还有客户的使用成本和报废成本进行统计分析，用最低的费用来满足需求。符合客户需求的才有价值，所以设计者们要充分考虑客户需求，从而着力提升产品价值。

3. 分析汽车造型功能效益

通过汽车功能的分析，确定汽车的必要功能，去除多余的功能，选择最经济的实现方式来进行设计创造。任何汽车造型都必须具有一定使用价值，这既是用户的要求，也是汽车造型设计的目的。如果产品功能低，便满足不了消费者的需要；如果产品功能超过用户的要求，又成为多余，因为，过剩的功能的存在，会使产品费用的价格提高，当然就不会在市场上受到消费者的青睐。

分析汽车造型功能的过程，一般是从产品的基本功能入手，分析产品的使用功能、产品的辅助功能及产品的艺术功能。使用功能是给用户带来效用的功能，外观功能指汽车的外观、形状、色彩、艺术性，虽然外观功能不影响产品的使用，但是却不容忽视，甚至成为畅销车型的必备因素。例如，按用途分类，大客车的基本功能是载客，它的辅助功能部件主要有钟表计时装置、空调设施、通信设施及影像设施等。而客车的运行安全可靠、舒适稳定等是它的使用功能。此外，大客车的形体设计、色彩处理、车内装饰、车身装饰给人以感染力，体现了大客车车身的艺术功能。通过经验丰富的设计人员、施工人员以及企业的专业技术人员和管理人员对生产、经营和价值工程推行方面因素的判断，对某些突出的方面进行优先选择。

4. 设计汽车造型方案

设计汽车造型方案，是指在明确价值工程选择对象，进行产品造型资料收集和功能分析之后，对设计流程进行规划。具体设计方案一般可采用勾画草图、绘制效果图、制作模型等技法。其中汽车内部的机械配置图也是必不可少的，工程技术部门需要根据设计的结果进行汽车工程及结构设计，最后配合制造人员制成汽车功能模型，通过对其进行多次实验评估，来修正预估的制造成本，从而形成具有实际意义的多种设计方案。汽车设计想要创新和提高，就要发挥独立性，打破一些死板的规矩框架，充分咨询相关专业专家拓展思路，克服设计过程中遇到的种种障碍。现代新技术、新工艺、新材料的出现，为价值工程在汽车造型设计中的应用，带来了更先进、更可靠、更有效、更经济的科学设计方法。

5. 选定汽车造型方案

在所提出的众多设计方案中，如何选择最佳方案，是很重要的问题。以往，在汽车造型设计中，选择方案多从方案的艺术效果、产品的结构、空气动力学性能、操作舒适、经济适用性、可靠、安全等方面考虑。这种方式的缺点，是汽车造型的结构与造型艺术效果会产生不同程度的矛盾。采用价值工程方法，对汽车功能、成本、价值进行思考与探索，集思广益来创新优化设计方案，达成价值提升或降低成本的目标，有效地解决了矛盾问题。例如，在汽车风窗支柱的设计中，根据结构设计要求，为保证一定的强度与刚度，支柱的断面有一个最低限度的尺寸要求。而从整车造型来讲，对于风窗支柱又不希望过分明显。因为，过分明显会导致车身视野不良、造型笨重。这种矛盾似乎很难协调，而采用价值工程方法进行功能分析，充分比较二者的功能效益，可以选定最佳方案。

6. 决定汽车造型方案的实施方法

汽车造型方案选定以后，应立即整理成价值工程分析建议书。说明当前的主要问题、计划目标、主要步骤及预期经济效益等。经过汽车造型设计和价值工程各阶段的分析，精确地提出一个汽车造型设计价值工程分析的总体实施方案，并且召集有关部门参加审定，根据设计分析过程及评断结果，连同产品原型，提交设计主管部门审批和生产部门实施。

第4章　汽车设计美学的创新性思维

4.1　创新性思维

4.1.1　创新的定义和定位

创新是指人类为了满足自身日益增长的物质和精神需求，不断拓展对客观世界及其自身认知的行为过程。创新活动是在已有事物基础上的一种拓展性和创造性的活动，它既与已有事物有一定联系，又是对已有事物的发展与重构。从艺术设计的角度讲，创新包括三层含义：（1）更新，是对原有的产品及其元素进行替换。（2）创造，是创造出原来没有的新产品。（3）改变，是对原有的产品进行发展和改造。设计实践也是运用创新思维的过程。创新思维在设计实践中扮演着重要角色，它不仅决定了设计是否有创意，还影响着设计过程及其产品的市场影响力。可见，创新并不是空想，而是一种有目的人类行为。实现创新主要分为两个步骤：一是思考，构思新创意；二是根据创意构想，制订可行的实施方案并采取相应行动。

对于汽车厂商和设计师而言，在从事汽车产品创新时，必须着眼于市场需求，以提高经济效益为目标来展开工作。汽车设计创新不是单纯地设计和创造出某一款汽车产品，而是从新技术、新创意、新的设计理念入手，设计出符合汽车市场发展需求的新车型。创新思维本身就是一种全方位的思维形式，能够引导人们从不同的角度、不同的层面去思考，从而突破原有的思维定式，激发设计灵感。因此，创新思维有助于优化设计方案，形成独特的设计风格，注入持久的设计灵感和创新动力，进而提高设计水平，增强设计竞争力。在汽车设计的创新活动中，设计师必须要具备这种创新性思维能力，使所推出的产品符合消费者的审美需求，从而实现艺术设计效果与经济效益的双丰收。

4.1.2　创新性思维引入汽车设计的重要性

当前，创新发展已成为国际竞争的大势所趋，创新能力建设成为各国关注的重点。近年来，在党中央统一部署下，国家发展和改革委员会、科技部、财政部等部委分两批出台了近100项相关政策，旨在完善自主创新的政策环境，增强各行业的自主创新能力，大力支持创新企业发展以及创新团队建设。可见，加强自主创新已经成为国家大政方针，从增强国家创新能力出发，加强原始创新、集成创新和引进消化吸收再创新。党的十八大提出，要实施创新驱动发展战略。十八届五中全会把创新作为五大发展理念之首，提出创新是引领发展的第一动力，必须把发展基点放在创新上，塑造更多依靠创新驱动、更多发挥先发优势的引领型发展。2016年5月20日，党中央、国务院发布了《国家创新驱动发展战略纲要》，对创新能力、人才队伍以及全社会创新等方面提出了各项任务，努力将各方面的力量凝聚到实施创新驱动发展战略上来，以理论创新为指导，以制度创新为保障，以科技创新为动力，文化创新为支持，它们相互促进，密不可分，力求寻找新平台、新形式、新应用，开拓创新发展新空间，崇尚创造、追求卓越的创新文化。

　　中国要从汽车产销大国向汽车工业强国迈进，必须提高自主创新能力。面对日益激烈的全球竞争，我国汽车厂商要脱颖而出，不仅应在产品的成本、质量和性能上进行创新，还必须运用创新性思维提出与众不同的设计理念，从而创造出引领时代潮流的汽车产品。而这些设计理念，既是在考查一个厂家产品的自主研发策略和产品创新能力，也是在考验设计师的创新思维以及在产品设计过程中的创新能力的运用。谁能最大限度地释放创新活力，谁就能赢得先机，赢得市场。有关市场调查表明，最受汽车消费者关注的五项因素分别是价格、外形、节油性能、动力加速性能和乘坐舒适感。由于汽车在技术上的差别越来越小，其造型的重要性就显得越来越大。消费者的选择受汽车造型的影响程度也越来越大，时尚的、个性的外观体现人们对审美和个性的追求，同时也是其生活品质的体现。很多汽车生产商都把创意点寄托在汽车造型的形象创新方面，这正是汽车设计美学愈发受到重视的原因所在，也是汽车设计美学蓬勃发展的必然趋势。汽车造型设计的突破，可能使汽车产生通往成功的视觉创新效果。透过创新性思维可以更好地对汽车造型设计进行突破、完善，这是传统思维方式无法与之比拟的，因此，有必要将创新性思维引入到汽车设计领域，形成一种汽车设计的创新性思维模式。

　　汽车设计美学是艺术创新与技术创新高度融合的学科，在汽车造型设计中，创新思维的重点是设计出充满个性、创新性、时代性的汽车，创造出艺术美与技术美完美结合的汽车产品。简而言之，汽车设计的创新性思维是指设计师根据市场需求定位，运用一定的创新思维方式，以崭新的视角进行新型汽车设计的思维，这是一种脱离窠臼、开辟新路的思维方式。汽车设计的创新性思维，具有真实性、批判性、灵活性、跨越性、关联性与综合性等特征。在汽车造型设计实践中，创新性思维是要经过大量、反复、深入及深刻的思考后才能收获硕果的。创新性思维不仅要实现沟通，在汽车的形态美与技术美之间做好平衡，还要在此基础上形成新颖、独创和有市场价值需求的系统思想和可行的实施方案。

汽车造型设计在 21 世纪形成的高智能与高情感结合的行为模式，直接体现了设计师对美的理解和趣味导向，反映了设计师的综合艺术修养。它是需要在原有的基础上，进一步提升设计思维能力、审美意识、个人品位及创新意识才能实现的。汽车造型设计在设计实践中，除了需要掌握美学原理、美学规律和美的造型能力外，强化审美意识和创新思维更是创新活动中的重中之重。只有掌握创新思维方式，不断积累创意、发散思维，并主动地运用于汽车造型设计，才能逐步具备良好的设计思维功底和思维品质。只有积累了丰富的知识、经验和智慧，才能厚积薄发。只有敢为人先，勇于实践，才能获得灵感，不断产生新观点、新办法，创造出新成果，实现创新思维的飞跃。掌握创新思维方式，不仅会拓宽创新思路，提高汽车设计的创新能力，对汽车工业发展的创新性潮流也会起到示范、引导及推动作用。

4.2 创新性思维在汽车设计中的应用

4.2.1 形象思维

1. 形象思维的定义

形象思维是一种用具体的直观形象和表象解决问题的思维方式，它既带有理性的逻辑思维认识，又融入了感性的美学形象感知。设计师为了寻求独特的个性化汽车造型，甚至可以暂时舍弃逻辑思维中面面俱到的做法，关注的重点则是汽车形体的变化、色彩的和谐以及人与汽车间的呼应，使汽车造型更富创新性和生命力。

2. 形象式思维的特征

（1）形象性。形象性是形象思维最基本的特点。在汽车造型设计的初期，形象思维至关重要。设计师构思设计时，需要丰富的想象力和对全球汽车造型、市场需求的敏锐洞察力，从灵活多样的途径捕捉所需图像、形体，进而表达形体的内在美与外在美。形象思维的形象性，使汽车造型设计具有生动、直观和整体感强的特征。

（2）非逻辑性。非逻辑性是形象思维的突出特点。设计师打破常规，往往采用几个车型交叉思维或者跳跃思维，将两个以上设计方案组合在一起或者添加其他元素来把握汽车的整体形象和重点部分，形成汽车造型设计方案。在实践中，这种非逻辑性形象思维形成的方案，通常需要采用逻辑思维和实践加以验证。

（3）想象性。形象思维并不单单是对已有形象的再现，还有对已有形象的整合、加工，不断获得新的产品形象。所以，想象性使形象思维具有创新的特点。在汽车造型中，会抛开与其不相关的因素，侧重汽车造型的整体曲线、色彩、质感，使其塑造出符合自己想象的简洁、理想化形象。

（4）灵活性。灵活性使形象思维具有可变的特点。形象思维在汽车造型设计中，表现出很大的灵活性。既能表达汽车造型的轻松、活泼、感情丰富的一面，又能反映出汽车造型严谨、理性的另一面。在实践中，设计师将形象思维方式和其他诸如逻辑思维等方式巧妙结合，达到科技与艺术的结合、技术与美学的统一。

（5）预见性。预见性是形象思维的超前特点，对汽车造型的发展有预见和导向作用。设计师首先收集汽车的流行发展动态和一些有预测性的前卫车型形象，经过反复思索、推敲，生成具有独特元素的新形象，推出的具有超前特点的概念车型对市场进行预热。

3. 形象思维在汽车设计中的应用

随着人们对汽车造型审美的逐渐改变、提升，形象思维已成为了设计创新汽车造型的重要思维模式，具体包括模仿法、组合法、移植法和优化法。

（1）模仿法。它是一种以某种启发物作为参照原型，加以变化，创造新事物的方法。在汽车设计中，模仿法就是通过对自然界中的具体事物进行模仿来创造出新的车型。根据车型设计的目的要求，从事物中提取某种相似的、能满足需求的元素，并以此为依据进行创新设计。例如奔驰 SLK Aphelios 概念车，如图 4-1 所示，设计师的灵感源自鳟鱼（马其顿地区

Ohrid 湖里独有的鱼的品种）。设计师将鱼的外形作为设计元素，与汽车外形加以整合，突出速度感、未来感，使汽车极富视觉魅力。

图4-1　奔驰SLK Aphelios 概念车

（2）组合法。它是从两种或两种以上事物或产品中抽取合适的要素重新组合，构成新产品的创造方法。常见的组合技法有同物组合、异物组合、主体附加组合三种。设计师根据多样的汽车造型特点进行相关融合改进，并通过实物研究分析，在脑海中创造出相关的汽车造型的形象部分，从抽象的形态创作逐步确定相应的汽车设计美学理念方案。例如，Rindspeed Splash 水陆两用车的外壳是采用某种无缝光滑纤维材料制成的，从质感效果上看，车身表面好像覆盖了一层柔软的皮肤材质。这改变了以往车型坚硬、冰冷的视觉效果，如图 4-2 所示。

图4-2　Rindspeed Splash 水陆两用车

（3）移植法。这种方法是对不同的事物进行对比，发现其相似之处，将对象的某种属性移植到另一个不具有这种属性的对象上，从而构成新的事物对象。例如，将其他产品的现有技术应用到另外一个产品中去。人们常说的"换元"实际也是一种移植，比如以纸代木、以塑代钢的发明创造是材料移植。移植法的基本方式包括原理移植、技术移植、方法移植、结构移植、功能移植、材料移植。在汽车设计中，设计师经常使用技术移植、结构移植以及材料移植这三种移植方法。例如，SAAB Aero X-concept 概念车移植了战斗机座舱式全透明环形顶盖，颠覆了传统车门，提供了前所未有的宽阔视角，使整体极富科技感和未来感，如图 4-3 所示。

图4-3 SAAB Aero X-concept概念车

（4）优化法。设计师根据相关市场定位，将所需调整的上一款车型与其他同类车型进行比对分析，激发形象创造，最终确定设计方案。这使新车型既有新特点又延续了前款车型的经典元素，一般用于经典车系的改款设计。如雪佛兰的科迈罗轿车系列，自 1967 年至今已有多款车型，成为时代的经典，如图 4-4 至图 4-6 所示。

图4-4 1967年款的科迈罗、1972年款的科迈罗

图4-5 1985年款的科迈罗、1993年款的科迈罗

图4-6 2012年款的科迈罗、2016年款的科迈罗

4.2.2 想象思维

1. 想象思维的定义

想象思维是指人在头脑中对接触过的事物进行加工改造，塑造出全新的事物形象。它以记忆中生活的表象为起点，借助对表象的经验回顾和充分思考，按照人的文化修养、知识积累、情感抒发和目的意图，把游离的、分散的物象化合成一个整体乃至具体的形象，进行抒情与达意。想象的内容和水平会受到社会历史条件和生活条件的制约与影响。设计师进行想象的形态，是现实中不存的形态，它源于现实，却又超越现实。想象思维的类型有两种：无意想象和有意想象。其中，无意想象是指设计师在无意中，不受大脑意识支配产生的一种想象。设计师有时会在无意识之中，大脑思维产生一种新颖独特的车型。正所谓，有心栽花花不开，无心插柳柳成荫。有意想象是设计师在研发新产品过程中，受大脑意识支配的一种想象。它意味着设计师的思维总是在明确基本设计目标后才展开行动。

2. 想象思维的特征

（1）独特性。想象可以作用在汽车设计的初级阶段，依靠天马行空的想象，使设计思路范围更加宽广，富有新意；再通过想象的概括作用，精炼出独一无二的特殊设想。

（2）创新性。通过想象，设计师可以把不存在的事物，想象成现实存在的事物。从反方向思考问题可以建立独特新颖的理论体系，达到一种创新突破。

（3）概括性。设计师思考设计方案时思维往往繁复冗杂，而想象的过程是一个概括、提炼的过程。经过深入想象，将抽象的形式转化为简洁、具象的汽车造型设计方案。

（4）丰富性。事物在设计师的头脑中可以自由抽取或拼贴组合，可以将一些毫无联系的形象组合在一起，形成全新且丰富的思考结果。

（5）超越性。设计师通过想象思维，将普通的物象超越升华到艺术高度，令人赏心悦目。

3. 想象思维在汽车设计中的应用

首先，汽车设计师应具有丰富的想象能力，可以自由地将具象事物进行抽象处理。这是极为重要的技能，设计师平时应多注意知识积累和对周边事物的观察，勤于思考。其次，设计师又要避免过多的记忆性积累的干扰，尽量使想法富有创新性，需要对脑海中的各色事物进行有序排列，对比归纳并构想出汽车设计的概念。最后，设计师将相关概念进行具象化的形体构建，验证相关设计理念方案的可行性，得出最终确定结论，设计出完美的汽车造型。

纵观百年汽车发展历史，不计其数、新颖别致的划时代的汽车产品发明、问世。尤其是汽车造型的创新、变革，经历了马车型、箱型、甲虫型、船型、鱼型、楔型、蛋型等阶段的升级过程，每款车型无不凝结着汽车设计师创新思维的艰辛与结晶。每种车型的更新换代，都离不开想象思维的主导作用。设计新车型的过程并不是一蹴而就的。设计师需要在经验积累和信息储备的基础上，进行提炼、完善、加工和概括。这种创新方式，往往会产生奇妙和意想不到的灵感或创意。可见，想象思维在汽车创新思维中发挥了核心作用。汽车的艺术文化设计多姿多彩，想象思维则是主旋律。设计师创造出美轮美奂的汽车形象和缤纷绚丽的车型，是一种依赖于想象力的创新。设计师创作新型汽车，需要想象力，同样，受众人群赏析汽车产品，也需要丰富的想象力。

在汽车设计实践中，有意想象方式分为三种：

（1）再造型想象，即设计师根据同类车型的信息，在头脑中进行加工、创新，形成一种或多种车型设计方案的过程。

（2）创新型想象，即设计师将以往固化设计方案激活，并进行提炼、加工、概括，形成一种或几种创新性车型设计方案的过程。

（3）幻想型想象，即设计师有意识、有目的地进行创新性想象，是将不符合设计逻辑的幻想变为符合设计逻辑的过程。比如设计师从日常许多科幻影视作品中受到启发后，会将这些幻想型想象储存于大脑，在构思和创作车型期间，这些科幻想象会重新浮现在脑海中作为设计元素。虽然头脑中的这些影像往往是不具体的、杂乱无序的，甚至是缺乏理性思维的幻想，但随着思维的深化，设计师会萌发出具有科幻气质的新车型构想，并将其逐渐梳理成现实设计方案。例如，阿尔法·罗密欧 C52 Flying Saucer 概念车，中文译为飞碟，设计师大胆地将科幻作品中的飞碟造型作为设计元素融入车身设计，使人眼前一亮，如图 4-7 所示。

图 4-7　阿尔法·罗密欧 C52Flying Saucer概念车

4.2.3 联想思维

1. 联想思维的定义

联想思维是指由于某种诱因导致不同表象之间发生联系的一种自由的思维活动。人们从事物之间的相互联系入手，形成新的思维模式，主要有相同、不同和相似方向的联想。汽车设计中的联想思维，是从接近的、类似的想象入手，通过一定的启发诱导，将不同的事物联系起来，使原有的形象发生改变，形成新的产品形象。

2. 联想思维的特征

（1）连续性。设计师从某种车型开始展开思考，进行由此及彼、连绵不断的联系，这种连续性联想既可以是直接的，也可以是曲折、渐变的。

（2）形象性。设计师的创新活动是一种抽象思考，而联想思维的形象性则可以将抽象思维最终以直观具体的形式表现出来。

（3）概括性。联系思维所产生的结果是比较笼统的，对于某些细节可能仍然是朦胧的，因此，联系思维具有概括性，最初是一个整体形象，其具体细节将在进一步的工作中加以刻画。

3. 联想思维在汽车设计中的应用

在自然世界中，物体所呈现的不同的形、色、质，给人们带来不同的感觉，设计师从这些差异化的感觉中产生丰富的联想，主要包括相似联想、对比联想、因果联想等。

（1）相似联想法。它是指设计师在进行产品设计时，对两个或多个不同事物所具有的相似性进行挖掘，所创作出的汽车造型可以让人们产生由此及彼的联想。例如 20 世纪 60 年代惊艳的捷豹 E-TAPE 汽车，捷豹的设计在于只能意会不能言传的"捷豹"感觉，从名称和标志都能感受到车型的寓意。低沉而狭长的车身线条，舒展的车身形式，以及极富张力的曲面，给人带来一只紧绷后腿、时刻准备跃起的猛兽的强烈感觉，如图 4-8 所示。又如道奇蝰蛇，标志就是一个直立的蛇头，车灯与蛇眼一样，也在怒目而视，让人不得不联想到它的凶猛与速度，这也是该车想要表达的理念，如图 4-9 所示。再如德国 Veritas 公司根据据鲨鱼的外部形态打造的"陆地鲨鱼"跑车，充分展示了其攻击性，是相似联想的典型案例，如图 4-10 所示。

图 4-8　捷豹 E-TAPE 汽车、豹形 logo

图 4-9　道奇蝰蛇、蛇

图 4-10　Veritas 真正的陆地鲨鱼、鲨鱼

（2）对比联想法。它是指对性质特点反差较大，甚至相反的事物之间进行联想，如冰川与火焰、黑与白等。事物间较大的差异容易构成鲜明的对比，利用这种矛盾关系，把主导性的信息过渡到另一方去，从而开拓一条全新的设计思路，如图 4-11 所示。

图 4-11　汽车市场上的各种双色车

（3）因果联想法。它是指由于两个事物存在因果关系而引起的联想。客观世界各种现象相互依存性、联系性和制约性，构成了它们之间的各种因果关系。因的信息与果的信息，一旦建立有机的联系与恰当的组合，创意灵感即由此而生。设计师常用这种因果关系暗示汽车产品的功效，把商品的需求观念与产品的个性相结合。由于因果关系还会产生一因多果、多因一果的现象，设计结果往往出人意料，但又在情理之中。如雷诺 Kwid 概念车，具有乐高玩具般的外形，一改越野车型给人的凶猛印象，有着灵活百变却又憨态可掬的视觉效果，悬空的座椅更是增加了科技感，这款车的魅力值得人们细细品味，如图 4-12 所示。

图 4-12　雷诺 Kwid 概念车

4.2.4　集成思维

1. 集成思维的定义

集成思维又称聚合思维或求同思维，是指从不同来源、不同材料、不同方向来探求正确答案的思维过程，是一种现代化的科学思维方式。在汽车造型设计过程中，设计师巧妙运用集成思维，从多种角度考虑各种可能性，将各种设计元素拼贴组合、判断取舍，就能更加容易找到设计元素与创意构思的契合点，产生汽车新产品的构想。

2. 集成思维的特征

（1）多元性。任何创意的产生，不仅是灵感的闪现，也是综合思考的产物。这就意味着，汽车设计师要具有综合素质，不仅要掌握人机工程学、空气动力学、材料学、经济学、汽车构造等理论知识，也要具备设计美学、工艺学、审美学和模型制作等专业技能，才能对问题进行全方位的思考，从而设计出优秀的作品。

（2）融合性。集成思维注重各种知识的提炼、摄取和整合，打破原有事物系统的限制，将不同系统中的元素进行融合。例如，如何在汽车设计中将技术性与艺术性超越原来的系统，进行综合考虑、有机融合，是集成思维关注的一个重点领域。

（3）自由性。要想在设计上有创新和突破，就不能拘泥于固有的知识框架，被以往的经验约束，而是要放飞思想，发挥自由探索的精神，将新的想法、理念、技术集合成符合市场定位的新型设计方案。

3. 集成思维在汽车设计中的应用

（1）功能组合法。汽车产品可能只具有一种功能，也可以具有多种功能。设计师结合多种技术，达到多种产品功能的实现。例如，Polyphony与雪铁龙联手打造的 GT by Citroen 概念车，在巴黎车展上揭开了神秘的面纱，如图 4-13 所示。GT by Citroen 搭载由燃料电池驱动的电动机，不但实现了强劲的动力输出，同时还实现了废气零排放。纯白色的车身布满划时代的曲线型设计，21 英寸钻石型合金轮圈也充满运动感。

图 4-13　GT by Citroen 概念车

（2）材料组合法。它是指在汽车造型设计中，大胆使用新材料代替原来传统材料以实现其特殊功能和意想不到的视觉效果。例如，2008 年的宝马吉娜幻想概念车使用了高度防水且扩展性极强的新材料，整车线条流畅，材质充分伸展，如同给车身披上了一件柔软的外衣。汽车的前照灯设计得如人眼一般，似乎能与消费者互动交流。这就是新型材料组合给汽车造型带来的变化，使人们产生无限的遐想，如图 4-14 所示。

图 4-14　宝马吉娜幻想概念车

4.2.5 逆向思维

1. 逆向思维的定义

逆向思维是人类思维过程中进行辩证否定的一种方法，它是从相反的方向思考问题、解决问题的方法。相反方向的载体包括所研究事物的性质、概念、形态和特点等。在汽车设计中，设计师利用事物的多样性和差异性，在解决当前问题的已有的模式或传统途径之外，独辟蹊径，从已有思路相逆或相异的方面，将问题尽可能简单化，挖掘一切其他可能的方案，从而取得突破。

2. 逆向思维的特征

（1）普遍性。逆向思维的形式多种多样，例如，性质上对立两极的转换：软与硬、高与低等；结构、位置上的互换：上与下、左与右等；过程上的逆转：气态变液态或液态变气态、电转为磁或磁转为电等。

（2）批判性。正向思维是指常规的、公认的或习惯的想法与做法；逆向思维则恰恰相反，是对传统、惯例、常识的反叛与挑战。批判思维能够克服思维定式，破除由经验和习惯造成的僵化的认识模式。

（3）新颖性。循规蹈矩的思维和按传统方式解决问题虽然简单，但容易使思路僵化、刻板，摆脱不掉习惯的束缚，得到的往往是一些司空见惯的答案。其实，任何事物都具有多方面属性，有待人们的发掘。人们往往受既定经验的影响，容易看到熟悉的一面，而对另一面却视而不见。逆向思维能克服这一障碍，思考的结果往往是出人意料，给人以耳目一新的感受。

3. 逆向思维在汽车设计上的应用

（1）反向构思法。即按正常思路相反的方向思考来解决问题。设计师在构思方案时，常常习惯于头脑中浮现出的熟悉的车型。这种固有车型的痕迹，不利于设计师的创新。由此，引入反向思维方式来构思问题，会使设计师激情涌动、灵感迸发，创造出新的车型设计方案。

例如，1962 年生产的福特野马是一部发动机中置的两座跑车。上市后颇受消费者的青睐。设计师在构思该车型的初期，是采用常规的思维方式，结果设计出的车型方案平平，缺乏创新点。后来设计师运用反向构思法，大胆地采用长发动机舱、短车身的设计方式，改变了跑车以往的形象，直到今天，还有跑车沿袭着这一设计形式，如图 4-15 所示。实践证明，具有逆向思维的设计师，往往具备很强的洞察力与推断力，设计出的产品也别具一格。

图4-15 野马I概念车、法拉利跑车

（2）转换思维法。又被称为转型构思法，它将传统思路作某种变换，从固有观念中提炼出别具一格的新思维方法。设计师冲破固有思维定式的束缚，用新思维、新视野解决老问题，并获得意外成功的效果。例如，长期生活在城市的人们由于工作的压力会产生烦躁的情绪，造成心理压力。人们渴望在工作之余，给自己创造一个轻松的环境，渴望买一辆可以放松和休闲的家用汽车。这时，逆向思维就起到了作用，标志公司正是考虑到人们的这种要求，设计师转变了传统的思维设计方法，设计了一款拥有巨型天窗、硕大尾部空间和矫健身型的标致508，如图4-16所示，顺应了人们外出郊游、放松身心的需求。该车动感的外形、和谐的色彩、舒适的内饰、精湛的工艺、开阔的视野和完备的功能，深受消费者的喜爱。

图4-16 标致508及其温馨的内饰

4.2.6 仿生思维

1. 仿生思维的定义

仿生思维是人类以自然界中景物或生物的形态、结构、颜色、特征、习性等为思考对象和灵感来源进行思考的一种模式。仿生思维是仿生创造的基础，涉及设计学、生物学、工程技术性等相关知识，是多种学科的综合，是理性思考的重要代表。人类的许多发明创造都是仿生思维的结果，运用大自然的智慧为人类谋福利。汽车设计的仿生思维，是通过观察和认知自然界景物、生物原型，进行以设计为目的的积累和再创造。车型设计不是凭空设想的，而是受自然界的启发所进行的仿生创造，体现了科学性与艺术性的结合。引入仿生思维拓宽了汽车设计美学的领域，引领了汽车造型设计的新潮流。

2. 仿生思维的特征

（1）原生性。设计师选取自然界中景物、生物的原型作为参照系，从中提取设计元素进行仿生设计。

（2）合理性。自然界中的景物、生物所表现出的形态、色彩、动作、结构等是对其存在和发展有利的，在长期竞争中不断演化形成的，是大自然造物的神奇结果。仿生思维就是要利用这种合理性来进行产品设计。

（3）再造性。运用仿生思维进行产品设计不是简单的模仿某种自然界形态，而是专门研究这种自然形态与它所带来的功能（速度、敏捷性、隐蔽性等）之间的关系。在此基础上，提出产品设计方案。在这里种思维模式下，像不像某种原型不是关键的，重要的是要体现仿自然形态所实现的功能性，以及突出设计者想要表达的理念。

3. 仿生思维在汽车设计中的应用

仿生思维在汽车设计中的应用一般表现在形体塑造、色彩配置、功能技术、装饰材质等方面，具体包括形态仿生、色彩仿生、质感仿生、功能技术仿生和结构仿生这五方面的运用。

（1）形态仿生法。形态仿生法是仿生思维在汽车设计中的基本应用。形态仿生需要综合考虑造型设计与产品的实用性、经济性、技术性以及受众性之间的平衡。例如，奥地利设计师费迪南德·波尔舍在1938年为大众公司设计出甲壳虫汽车，其造型由自然界常见的瓢虫获得启发，车身线条流畅大方，充分符合大众公司所提出的要开发出一款小巧、节能型汽车的设计要求。甲壳虫汽车一经亮相，立刻吸引了公众的注意力，其弧线外形改变过去死板的直线型车身定式，显示出平滑、简洁、动感的形态特征，市场热度经久不衰。

将1938年的首款甲壳虫汽车和2016年的最新款相比较，可以折射出汽车造型流行趋势的微妙变化，如图4-17所示。早期甲壳虫汽车的线条结构卷折，多以大角度弧线为造型切入点。前照灯接近正圆形，四轮外部结构较为突出，形成一种高贵质感。2016款的甲壳虫汽车的整体造型更加平滑，降低了之前的夸张度，增强了现代感。此外，汽车发动机舱盖为低弧度，前脸逐渐缩短，车厢整体后移，将前后风窗玻璃及侧窗面积加大，增加视野的宽广度。虽然甲壳虫车型随着时代变迁在不断调整变化，但其

图4-17 1938年产的首款甲壳虫汽车 、2016款 180TSI Club 时尚型甲壳虫汽车

追求的仿生设计理念始终没有变。

（2）色彩仿生法。它是模仿生物的色彩特征来展开设计工作。自然界中景物绚丽多彩，植物百花齐放，动物皮毛亮丽争艳，天空的鸟儿羽毛颜色五彩斑斓，海底鱼类多姿多彩，这为设计师提供了丰富的素材。例如，在汽车内饰方面，由于女性爱花，更爱花的鲜艳，故女士用车的内饰往往选用仿造花卉色彩的材料，会使女性感到色彩纷繁、心旷神怡；男士崇尚充满力量的野性魅力，故男士用车宜用斑马、老虎、猎豹的外皮纹理作为内饰基调，使人复归自然，充满力量。又如，在车身外部色彩的仿生设计方面，雪佛兰公司的科迈罗轿车在《变形金刚》中以"大黄蜂"这一角色出现，深受到年轻人的热捧。藤黄色的汽车外观、黑色的进气口以及银色犀利的车灯，敏锐地抓住了黄蜂的外部色彩特征，很容易让人联想到黄蜂，从而将凶猛、动感、刚毅的硬汉形象赋予该车，如图 4-18 所示。

图 4-18 2012款雪佛兰科迈罗

（3）质感仿生法。它是指采用某种材料来模仿生物表面机理从而唤起使用者触感记忆的仿生设计方法。例如，汽车改装店中应用哑光喷漆车身，能让人不禁联想出动物绒毛的愉悦触感，令汽车有了不同的质地效果，引人瞩目。其实，质感仿生法在汽车内饰上应用更多。例如，人们对大象印象是其皮肤质感粗糙、纯朴，受大象皮的启发做成的亚麻布材料用于汽车内饰，会给人能以质朴厚重的感受和情绪渲染的效果，如图 4-19 所示。2013 款捷豹 F-TYPE 的内饰，座椅整体采用真皮面料，相映车身的大红色，好似熊熊火焰一般燃烧着驾驶者的心。这款内饰真皮的高级质感，加上红色的辉映，仿佛驾驭着一只猛兽，如图 4-20 所示。

图 4-19　亚麻布材料汽车内饰　　图 4-20　2013 款捷豹 F-TYPE 红色内饰

（4）结构仿生法。它是指对动物的组织构造，如骨骼、肌肉、关节等进行研究，发现由这种构造所带来的特殊技能的原因，尔后用于机械产品设计的方法。例如，鲨鱼的腮是它嘴后条形的鳃裂，在水里会增加水流的流动性，整合水流，使鲨鱼在海里灵活游动。很多汽车通风口造型都是模仿鳃裂的形状，并且与鲨鱼的鳃裂一样具有功能意义，汽车上的通风口能在汽车高速行驶的时候整合空气的流动，增加了空气动力性，减少侧面与空气的摩擦，使汽车性能得到提高。同时，鲨鱼腮的条条缝隙让人拥有规律的美学感受，而鲨鱼的凶猛同时与汽车这一速度与激情的宠儿相得益彰，令人热血沸腾，这使很多高档车型都应用鲨鱼腮这一元素，如图 4-21 所示。再如奔驰的一款仿生概念车，它曾在纽约现代艺术博物馆展出。这款仿生车就像一条畅游在水中的鱼，车的骨架名为 boxfish，仿照鱼的骨架结构，实现了高强度和轻量化的完美结合，同时应用鱼的曲线，对于流线型的追求达到了极致，如图 4-22 所示。

图4-21　2014款阿斯顿马丁
Vanquish

图4-22　奔驰仿生概念车、鱼

4.2.7　灵感思维

1. 灵感思维的定义

灵感思维也被称为瞬间思维或顿悟思维，设计师在循序渐进的日常思考中积累了大量想法，基于某种原因的启发（如外部刺激），使其突然闪现出某种全新的构想和创意，迅速找到了长期思考却无果的问题的解决方案。可见，灵感思维是一种瞬间思维，是一种逻辑性与非逻辑性相统一的理性思维，具有突发性和偶发性等特点。设计师的大脑瞬间突发出闪光点并不是偶然，而是人脑在大量信息长期储存中潜意识受到某种激发。不过，灵感式思维是主观、客观等多种因素在特定条件下的偶然产物，这些因素在不断的变化当中，这使灵感的闪现不仅是灵活多变的、独一无二的，也是不可复制的。

2. 灵感思维的特征

设计师的灵感思维主要有原型启发、形象发现、思想点化、情景激发、急中生智、无意遐想、潜意识觉醒等形式。灵感思维具有以下特征。

（1）突发性。灵感是创意的闪现，具有突发性。设计师长期的积累短期内迅速转化为新颖的设计构想，正可谓"踏破铁鞋无觅处，得来全不费工夫"。这种突发灵感虽然看似来自于未知世界，但有可能是最佳设计方案的雏形。

（2）模糊性。由于灵感是瞬间迸发的，灵感思维往往没有逻辑思维那么流畅，往往是"只可意会不可言传"的。灵感思维产生的过程不包括细致的分析核实，因此，它很可能只是一个模糊的方向性概念，只是为设计方案提供了个头绪。

（3）情景性。灵感往往来自于特定的外部条件、周边环境的某种刺激或启发。创意的产生看似是一种巧合，实则与设计时所处的情景、接触的人和物具有很大的关联性，这种外部环境甚至是无法再现的。

3. 灵感思维在汽车设计中的应用

（1）外部触动法。某种外部刺激使设计师达到一种情绪高涨、心旷神怡的兴奋状态，由此突发灵感，形成思想的飞跃。设计师可以有意识地注意在所处情景下可能引发的创意刺激，迅速将灵感转化为实际的设计方案。法国标志的概念车标志 Flux Roadster，被称作现实世界的蝙蝠侠战车。它出自一名意大利都灵时尚与设计学院设计专业的 20 岁学生之手，荣获标致汽车"狮爪奖"。标志汽车按 1∶1 制作模型，在 2007 年的日内瓦车展展出此车，引起广泛关注，如图 4-23 所示。按照设计者的说法，他的成功创意来自于在观看蝙蝠侠这部电影时，被电影中的场景及蝙蝠侠的座驾深深吸引，产生了设计作品的灵感。

图 4-23　标志 Flux 概念车

　　Flux 概念车的线条设计颇为怪异，侧围采用波浪形的曲线；前照灯由两条发光 LED 灯带组成，奇特并具有神秘感；巨大的轮毂和轮胎似乎在展示它的运动性能；尾部的造型更加前卫，有点类似于喷气式战斗机的巨大进气口，能够起到高速行驶时的稳定作用。此外，它还是一款双座敞篷车，比较适合张扬个性的年轻人。汽车内饰简洁硬朗，中控台上是一块透明的塑料板，当汽车启动后，它上面会变成触摸液晶屏，所有车辆控制和舒适调节信息都可以进行设置与调整。

　　如果说标志概念车的灵感来自于科幻电影的刺激，下面这个例子则来自于日常生活。20 世纪 80 年代初期，长春第一汽车制造厂轿车分厂设计的 CA630 高级旅游车，在设计方案、绘制草图过程中，设计师对旅游车的车型几经思考，未能形成满意的构思方案。其中，有位资深的设计师冥思苦想大脑浮现出的各种方案，但没有明确最合适的设计思路。他暂时放下思索下班回到家中，当看到餐桌上丰盛的晚餐时，一下被其中的鲶鱼菜肴所吸引，头脑中突发联想，他用手中的筷子沾着鱼汤，勾画出一种形似鲶鱼鱼头的旅游车外形。这就成为了 CA630 高级旅游车的设计雏形。这款车的整体造型新颖独特，车型前部似鲶鱼鱼头形态，内饰华贵舒适。人们赞赏它挺拔不失柔韧，轻快不失稳重，简洁不失精巧。CA—630 的问世，打破了以往我国旅游车的传统设计方式，塑造了当时旅游车造型的新风格，如图 4-24 所示。

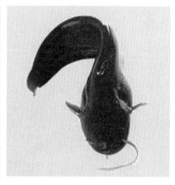

图4-24　A—630高级旅游车、鲶鱼

（2）思想跃迁法。雪铁龙 C-Cactus 概念车被称作讨巧的猪鼻子，它的设计灵感最初来自于小猪的形象，在后期方案设计中进行了思维跃迁，将小猪的形象元素与车身结构进行结合，如图 4-25 所示。此车外观最为显眼的是车头两侧的巨大进气口，与晶莹剔透的车灯相配合，表现为憨态可掬的猪鼻子造型。车身显著的特点是车门四周凹陷的轮廓曲线，似一块刚刚被切下一部分的奶酪，虽然没有规则，但易让人产生欲望。前后车身相比，尾部造型显得更加的奇特，除了水滴形尾灯外，在保险杠上还设置了两个排气口。整体的风格定位既可爱，又而不失华丽的高品位内涵。

图4-25　雪铁龙C-Cactus概念车

（5）模糊表现法。设计灵感是突然从黑暗里迸发出的思想闪光和新的思想端倪，不是被自我意识能清晰地意识到的，它很可能只是一个模糊不清的形象。例如，日产 Mixim 概念车属于紧凑车型，驾驶人座椅设置在车的中间，两侧各有一个乘客座椅。车厢和车门造型和线条似经过切割的钻石，内部方向盘和各种操控界面带有电脑游戏的痕迹。车门后侧各设有两个进气口，而上方的三角形侧窗与下斜的车顶相结合，构成侧面轮廓的主线，如图 4-26 所示。其动力系统采用日产的"Super Motor"电动驱动系统（锂离子电池阵列供电）。厂方人士指出，Mixim 是一款纯粹的概念车，并没有量产计划，所以不对车型的设计细节进行实际刻画，它只是用一个模糊的整体形象来反映未来汽车的发展趋势。

图 4-26　日产 Mixim 概念车

4.2.8　发散及收敛思维

1. 发散思维的定义

发散思维是指大脑在思维时呈现的一种扩散状态的思维模式。它表现为思路广阔，思维呈现出多维发散状。例如，"一题多解""一事多写""一物多用"等可谓发散思维的具体应用形式。心理学家认为，发散性思维能力与其转换的因素与人的创造力密切相关。发散思维是实现创新的一种重要思维形式，使观念发散到各有关方面，最终产生多种可能性，有利于推动思维创新。汽车设计的发散思维，是指设计团队从一个目标或思维起点出发，沿着不同方向，寻求差异化路径，提出多种设计方案。汽车造型设计的发散思维应用，是以某个车型设计为中心，尽可能运用已有的知识和经验，从不同的方面或角度展开思考，最终实现"多到一"，从而集中指向某个中心点，确定最终方案。

汽车造型设计时需要广泛地运用发散思维方法，这一设计方法的灵活应用，可以冲破逻辑思维的约束。针对同一概念和同一设计目标，设计师用差异化的设计思路，找出不同的解决方案和设计工作上的突破点，进而为汽车造型设计创意提供了广阔空间，为设计创意质量的提高提供更好的保障。

2. 发散思维的特征

（1）流畅性。它是观念的自由发挥，在汽车造型的草图设计方案的初期，广集思路，用最短的时间，去创造最多的设计方案。例如，长春第一汽车厂轿车分厂在设计红旗750轿车时曾对某设计师进行过测试，设计师能在1小时内勾画出15张形态各异的车型草图。设计师设计思维的这种流畅性，反映出发散思维的速度和数量特征。

（2）变通性。它是指设计师克服头脑中固有的模式化、僵化的思维框架，按照新思维、新思路来思考问题，通过多方位转化、触类旁通，使设计师的发散思维发挥到极致，形成新的设计理念。

（3）多感官性。发散性思维不仅运用视觉思维和听觉思维，也充分利用其他感官所接收的信息并进行加工。它还与情感有着密切关系，如果设计师能够想办法激发兴趣，产生激情，把信息情绪化，赋予信息以感情色彩，会提高发散思维的速度与效果，设计结果也会体现出理性与感性的充分结合。

3. 收敛思维的定义

收敛思维也被称作集中性思维或聚合思维。它是指在解决问题的过程中，尽可能利用已有的知识和经验，在众多的现象、线索、信息中，向一个方向思考，把众多积累的信息和解决问题的可能方案进行逐一梳理，最终形成条理化的逻辑序列，得出一个合乎逻辑的规范结论。收敛思维一般具有封闭、连续、求实、聚焦的特征，因此，汽车设计师经常采用这种有条理、有范围的收敛思维方式，进行创新设计。

4. 收敛思维的特征

（1）封闭性。收敛思维是把设计师的发散思维所形成的诸多结果集合起来，从中确定一个合理的设计方案，具有封闭性。

（2）连续性。收敛思维的进行方式，是一环扣一环的，具有很强的连续性。在选择汽车造型设计方案时，对每一个车型方案的不同特点，都需要精心处理，使其严谨细致、环环相扣，保持连续性。

（3）求实性。在汽车造型设计中，经常将设计构思的众多方案，根据实用的要求来加以对比分析。因此，收敛思维可以很好地帮助设计师筛选工作的顺利进行，表现出较强的求实性。

（4）聚焦性。它是设计师围绕汽车造型的具体问题，进行反复思考，有时甚至停顿下来，使原有的思维浓缩、聚拢，形成思维的纵向深度，具有强大的穿透力，在解决问题的特定方向上思考，最终实现质的飞跃，解决汽车造型过程中所遇到的问题。

5. 发散思维与收敛思维的辩证关系

发散思维与收敛思维，是一对完全不同的思维类型，有着相反的思考方式。它们的不同之处主要在于：（1）发散思维是围绕问题多方寻求答案，其主要功能是求异；收敛思维，是把解决问题的种种可能性都考虑到之后，再寻求一个最佳答案，其主要功能是求同。（2）发散思维强调对未知信息的想象和假说，在很大程度上是新信息的形成；收敛思维强调对已有信息的理解和运用，是已有信息的梳理和归纳。但是，它们在创新思维中又关系密切，如同"一枚硬币的两面"，它们是对立统一的，具有互补性。

在汽车设计中，设计师可以用发散思维来开发想象力，不受知识、经验和一些陈旧观念的束缚，从已知到达未知，从多角度去寻求答案；而用收敛思维将求异的想法逐渐敲定求同，验证各种答案的科学性和可行性。设计师要创新汽车造型设计方案，既需要发散思维，又需要收敛思维。

6. 两种思维在汽车设计中的应用

（1）发散思维的应用

设计师突破现有思维定式，通过多方位转化、触类旁通，提出新的设计理念。例如，设计师在房车造型设计中，考虑到家庭生活的实用性、紧凑性、宜人性，充分合理分配内部空间，将厨房及用具、洗手间及洁具、卧室及家具系统、视听系统、冰箱及饮水系统等都巧妙地设置在车内。这种设计令人耳目一新，为人们提供了"旅行不离家"的舒适生活，体现了变通性与舒适性的结合，如图4-27所示。

图4-27 旅居车设计方案

通过发散思维，设计师有时会做出异于他人的新奇反应。例如，sQuab潜水汽车和飞行汽车的发明创造，都是将各自的功能（汽车、飞机、潜水艇）相互组合后，产生的创新设计方案，如图4-28所示。

图4-28　飞行汽车

（2）收敛思维的应用

　　菲亚特的设计师在开发新型家用轿车造型时指出，尽管当下的趋势是通过流线型车身来减少风阻，但这也会增加制造成本，同时需要让车身低矮，这导致乘客不得不弯腰进入内部空间狭小的汽车。设计师认为，在拥挤的城市交通中，汽车的速度通常不超过60km/h，几乎涉及不到空气阻力的问题，因此，没有必要刻板地追求流线型车身设计。针对当时欧洲出现的通过加长车身以彰显豪华气派的风气，设计师认为，长车身并不意味高级，即使车身加长10cm，气派感并无显著增加，反而会加剧城市的交通堵塞。最终菲亚特乌诺轿车诞生，该车的特点是短车身，内部空间大，实用性较强，在市场上取得良好反响，如图4-29所示。可见，设计者以实用和减少交通压力为目标，对市场上的现有车型进行综合分析，不盲目的跟随某种潮流，提出独到见解，终获成功。

图4-29　菲亚特乌诺轿车

第5章 汽车设计美学的风格特征

自 1886 年德国工程师卡尔·本茨发明世界上第一辆汽车至今，人类创造了形形色色、千姿百态的汽车产品。汽车工业承载了人们的诸多梦想，带给世界无限可能，各国设计师发挥聪明才智，集成创意灵感，造就了五彩缤纷的世界汽车文化。汽车工业历经一百余年的发展，已经形成了具有不同时代印记、不同文化背景、不同民族风格以及不同地域特征的差异化表象，锤炼为一种内在气质，升华为一种灵魂和信仰。人们对汽车的要求不仅仅是在于其功能方面，而更多地涉及汽车设计美学层面。汽车已经不再只是一种交通工具，更是一种对审美品位及追求的承载。一般而言，设计师及团队的偏好、时代的演变、民族之间的差异、地域及气候地理环境的差别等都会体现在各具特色的汽车产品设计中。本章分别研究汽车设计的美学风格在时代、民族和地域这三种不同范畴下的具体表现形式。

5.1 汽车设计美学的时代特征

汽车设计美学的时代特征，是指在某一特定时期内所反映的汽车造型风貌，或者说是在某一特定时期汽车造型体现出的特有的美学风格。当人们回眸汽车的发展历史，可以发现随着时代的变迁，汽车造型也在发生变化。不同时代的汽车已然打上了各自时代的烙印，呈现出不同的时代特色，展现出不同的时代风貌，彰显出各自的时代特征。

5.1.1 汽车设计的时尚需求

汽车设计师通过对造型设计中美的本质的把握，使汽车充满了灵性，如同有呼吸般的生命体。美轮美奂的车型，是速度与激情的交融、功能与美学的碰撞，表达出汽车空间视觉艺术的时代特征。汽车设计的时尚性重在引导和创新，引导是汽车时尚的发展方向，创新是汽车设计的目标。汽车设计的时尚性，反映出现有汽车的科学技术水平和人文精神的审美需求。随着科学技术水平的进步，人们生活水平的提升，时尚审美也相应地发生变化。新款汽车产品一定要符合时下的审美品位，才能打动消费者，进而获得可观的市场份额。

汽车时尚设计，在张扬个性、展现自我的同时，兼顾色彩与流行同步、形态与时尚并置。只有满足了这些时尚设计元素，才能设计出有深度、有内涵的时尚汽车。汽车时尚具体呈现在汽车的形态风格和色彩的搭配上。为了引导流行时尚，体现当今高科技的前卫潮流，发达国家已成立相应的研究机构，专门研究潮流、时尚文化与现实特征，从而为大众和相应的部门提供分析与参考信息，进行设计分析和定位。例如，被称为"汽车设计之父"的美国人哈里·厄尔在1927年建立了通用汽车公司艺术色彩部，开创了对汽车色彩研究的先河。总之，汽车造型设计一定要符合时代潮流，反映时代的新面貌，这是汽车设计美学向前发展的必然方向。唯有如此，汽车设计美学才能步入一个良性的轨道，为社会大众带来福祉。

5.1.2 汽车设计的时代演进

汽车设计美学的时代风格，是与汽车技术、政治、经济、文化等因素共同交织、相互统一在一起的，呈现出复杂多样的特点。同一时代的汽车，一方面不同程度地反映了这个时代的汽车技术发展水平，体现了共同的时代性；另一方面，又在表现汽车的时代特征，通过汽车形体、色彩、质感效果等方面的差异。

1885—1886年，德国工程师本茨和戴姆勒，先后发明了汽油机的三轮车和四轮车，汽车这一新兴事物开始走人类历史。一百多年来，汽车造型的变革经历了马车型、箱型、甲虫型、船型、鱼型、楔型等阶段。进入21世纪后，汽车的更新换代速度变得越来越快。但科技发展的限制以及各种汽车行业内标准的制定，使新车型在技术上以及内饰上的差别越来越小。因此，为了更加突出每款汽车所具有的自身独到特点，其外形设计的重要性就日益显著，主要表现在以下几方面。

（1）良好的外形是一辆汽车能否在商业上取得成功的前提。拥有新颖独特造型外观的车型会给消费者留下深刻的印象，这样一来便可给汽车生产厂家带来更多的利润，使其在市场竞争中脱颖而出。

（2）每一款汽车的外形设计都承载着许多深层的含义，不仅是设计师独特个性的展示，更有对一个地域民俗文化的表达和致敬，以及对一个时代特点的个性诠释。在一个时代的主导设计潮流影响下，设计师们往往会有自己的独到见解，并将其体现在汽车造型设计上。

（3）消费者认可并购买一款汽车，体现了一种大众与汽车设计师之间对于美学的相互接纳。这时，设计师们如同产品研发的代言人，向大众传递一种设计艺术的认同感。人们购买自己中意的汽车时，不仅仅是买一辆代步工具，更是获取一种精神的满足感。这是一种情怀，一种自我价值在社会上的体现。

每个时代似乎都有相应的特色或者优势车型，优秀的汽车造型设计水平成为大国竞争的体现之一，也是设计者们相互之间永无休止的博弈。相比之下，我国与发达国家还有比较明显的差距，要积极学习、勇于创新来迎头赶上。

下面将回顾汽车造型的时代演进，剖析汽车设计美学风格的时代特征。

1. 马车型汽车

1885 年，德国人卡尔·本茨制造出世界上第一辆以汽油为动力的三轮汽车，命名为"奔驰一号车"，并于次年为该车申请专利，故 1886 年被认定为世界汽车诞生年，如图 5-1 所示。从此汽车便走进了人们的视线，时至今日已然成为人们日常生活中不可缺少的一部分，卡尔·本茨也因此被称为"世界汽车之父"。

在本茨获得专利的同一年（1886 年），德国工程师戈特利布·戴姆勒为庆祝妻子生日而购买了一辆四轮大马车，并将其改造成"机动马车"，也就发明了世界上第一辆四轮内燃机汽车，这就是后来人们所说的"戴姆勒一号车"，如图 5-2 所示。这是历史上最早的马车式四轮汽车，和"奔驰一号"车相比，它提供了更加安全的稳定性，并在动力上有了很大提升。

初始的汽车与马车相似，采用了马车的雏形作为框架，只是有两个能转向的轮子，被称为"无马的马车"。以"奔驰一号"为例，该车增添了发动机和简单的传动系统，不但拥有电点火，还拥有水冷循环及弹簧悬架等，尤其是其齿轮齿条转向器更是现代汽车转向器的鼻祖。不过它的发动机功率较小，整车动力性较低，仅能承载 2~3 人的重量。从座椅的形态看，和马车也非常的相似，并且也没有车门和顶篷。此时，人们对汽车的外形还无暇顾及，所有汽车均为敞开式设计，并持续了很长时间。后来，随着发动机功率的增大、动力性能增强以及基于人们对于提高汽车速度的渴求，设计师开始着眼于新型汽车的车身设计。设计师从以下几个方面着手改变汽车的外形，诸如：（1）增加帆布的顶篷，以减少风吹日晒。（2）安装挡风玻璃和车门，以适应车速的提高。这也为箱型汽车的问世进行了铺垫。（3）增加照明用的灯具及汽车喇叭，更加贴近实用需求。

图5-1　汽油机的三轮车

图5-2　汽油机的四轮车

2. 箱型汽车

鉴于马车型汽车很难在风吹雨淋的天气中使用，1915 年，美国福特汽车公司生产出一种新型的福特 T 型车，如图 5-3 所示，这种车不同于马车型汽车，它的车身更像一个大箱子，并装有门和窗户，因此人们便形象地称它为箱型汽车。这类汽车的外形酷似古时候达官显贵出游时乘坐的轿子，故又被称为"轿车"。它采用钢铁、橡胶、木材和玻璃等材料，取代了以前用木料制作的车架。发动机动力倍增，并从座位的下面移动到汽车的头部，使汽车的动力性能大幅提高。从使用功能出发，设置了齿轮变速器、减速器和差速器，配置了后驱动车轮、充气轮胎和转向盘。箱型车身的外形整体方正，各部分有机连接，前翼子板、脚踏板、后翼子板位居车身两侧，而车灯、门铰链、备胎等则给人带来对称及呼应的艺术效果之美。福特 T 型车因为其良好的性能和更加精湛的造型工艺，一经推出就得到了市场的认可，年产量达到 30 多万辆，占到美国汽车总产量的七八成，开创了一个属于福特 T 型汽车的商业神话。与同期诞生的其他汽车相比，它可以称得上是一个传奇，将北美自由开放的社会文化发扬得淋漓尽致。

图5-3　福特T型车

1928 年，美国通用汽车公司

的雪佛兰部制造出在散热器罩、发动机通风口和轮罩上增加豪华装饰件的汽车，箱型汽车的造型越来越受到人们审美的推崇。从那时开始，人们的旅行就从马车时代一下跨越到了汽车时代，无论是行车速度还是舒适程度，都比以前有了巨大的进步。

3. 甲虫型汽车

随着生活节奏的加快，人们对车速的要求也越来越高。要想使汽车的速度增快，主要有两个解决途径：（1）增大汽车的功率，即在单位时间内增加发动机所做的功。（2）减少汽车车身所受的空气阻力，从而使能量消耗得以减少，有助于提高行车速度。

为了满足这两个条件，以期解决由于箱型汽车存在空气阻力大、车速受阻减慢等问题，20世纪20年代后期，汽车设计师从技术创新出发，开始探索设计新型的汽车外观，这就使得流线型汽车得以问世。流线型指的是物体的外部形状，通常表现为外表扁平化，表面规整而顺滑，整体曲线流畅自然，没有大的棱角和起伏。流体在流线型物体表面以层流方式显现，这样一来便能保证物体受到较小的阻力。

1933年，德国工程师波尔舍博士将空气动力学原理导入了汽车造型设计中，从而设计出了一种类似甲虫外形的汽车。这种车型的成功问世不但促使汽车的外形从箱形逐步演变成为了甲虫形，更是开创了车身外形设计运用仿生学的先河。波尔舍最大限度地发挥了甲虫外形的长处，使之成为了同类车中的佼佼者，后来"甲壳虫"也成为了该车的代名词。

1934年，美国的克莱斯勒公司生产的气流牌小客车，同样创造性地采用了甲虫型车身外形。设计师力图打破老式汽车的箱型格局，减少空气阻力，将前照灯、备胎、脚踏板等都隐入车身之内，车的头部和尾部则采用光滑曲面、曲线和大圆弧过渡的造型，并将翼子板和侧围的装饰有机地结合为一体，给人以圆滑、畅通的美感，从而开创了汽车发展史上的一个新的时代。

1936年，美国的福特公司成功研制出了林肯和风牌轿车。俯视整个车身，形如水滴，高贵中却又不失动感，颇具特色。该车的散热器罩精炼圆润，线条流畅，外观充满了独特的乖巧。在此之后德国大众汽车推出了1200型汽车，使用了4缸发动机，速度可达115km/h，当之无愧地成为了风行一时的"摩登汽车"，如图5-4所示。

图5-4 甲虫型轿车

4. 船型汽车

20世纪40—50年代的汽车，在追求速度的同时，更加注重的是在其安全性、稳定性等方面进行改革。为了解决甲虫型汽车对横风不稳定的问题，美国福特公司于1949年推出了新型的福特V8汽车，如图5-5所示。该车的整个造型很像一只小船，乘员舱位于车的中部，所以人们便形象地将这一类汽车称之为"船型汽车"。船型汽车改变了以往汽车造型的模式，使前翼子板和发动机舱盖、后翼子板和行李舱盖融于一体，前照灯和散热器罩也形成一个平滑的面，并将汽车发动机前置，使整辆车的重心相对前移，而且加大了行李舱，使风压中心位于汽车重心之后，因此，再遇到横风时汽车就不会摇头摆尾，其安全性能得到了很大程度的提升。

图5-5 福特V8汽车

船型汽车不仅从功能、结构上优于甲虫型汽车，而且从外形设计到色彩质感设计也优于甲虫型汽车。美国福特V8形汽车，不仅在外形上有所突破，更重要的是其首先把人体工程学应用在了汽车的设计上。它着重强调以人为本、人车相互作用、相互协调的设计理念，也就是让设计师身临其境，切身感悟乘驾所需的安全、舒服与稳定。由于船型汽车的造型整体类似于长方体，因此，人们也多称其为"方盒子设计"。这种设计风格在以后各种工业产品的设计中，也得到了广泛的应用。从 20 世纪 40 年代至今，不论是美国还是欧亚大陆，不管是大型车或者是中、小型车，都一直延续采用船型车身，从而使船型汽车成为世界上数量最多的经典车型。

美国的雪佛兰科尔维特轿车是船型汽车家族中的典型代表，如图 5-6 所示。它的造型特点是直线平面与棱线的过渡结合，其效果为对棱线的肯定，向人们展现出了该车的挺拔与刚健，有一种简洁大方中又不失安稳的美感。由于它的稳定性好，今天它仍然被世界各国的设计师模仿。我国的 CA774 型红旗

图 5-6　雪佛兰科尔维特

图 5-7　CA774 型红旗轿车

轿车也是采用这种造型设计的船型车，如图 5-7 所示。

5. 鱼型汽车

20 世纪 50 年代，汽车的造型开始向鱼型车演变。起因是为了克服船型汽车尾部过长，易产生空气涡流的现象。为了解决这一问题，人们把船型汽车的后窗玻璃逐渐倾斜，倾斜的极限即为斜背式。由于斜背式汽车的背部犹如鱼的脊背，人们把这种车型形象地称为"鱼型汽车"。鱼型汽车根据背部倾斜角度的变化，分为长尾式和短尾式两种。

鱼型汽车的整体布置紧凑合理，采用梯形与曲面、曲线及小圆弧相结合，其造型丰满、细腻、光滑、畅通，给人以清秀、端庄、富于变化的视觉感受。此类车型采用头部过渡的上斜式线型，对玻璃倾角也有一定的要求，因而空气阻力相对较小。在尾部的设计中则采用了平顺的斜切式，不但有利于排气，更能防止由于气流不稳定所造成的涡流现象。在能源短缺的当今世界，小巧典雅的鱼型车，以其车速高、油耗低等特点，成功地在经典汽车造型中占据一席之地，深受用户的青睐。

鱼型汽车与甲虫型汽车，单纯从背部来看很相似，仔细对比还是有所区别：（1）鱼型汽车的背部与地面之间的角度比较小，尾部较长，从而使围绕车身的气流也比较平顺，涡流阻力较小。（2）鱼型汽车在整体车型上

图5-8 鱼型汽车的早期代表别克牌小客车

延续了船型汽车的长处，车内宽大，视野开阔，有较好的舒适性和稳定性。（3）鱼型汽车还增大了行李舱的容积，使该车型更加方便民众的日常出行所需。

美国是第一个开创鱼型车时代的国家，如图5-8所示。1964年的克莱斯勒顺风牌和1965年的福特野马牌都采用了鱼型造型，至此，鱼型汽车的发展进入了高速发展的黄金时期，各国争相效仿，一时间风靡全世界。

当然，鱼型汽车也不是完美的，它的缺点在于：（1）由于后窗玻璃倾斜太甚，面积增加两倍，强度下降，产生了结构上的缺陷。（2）由于鱼型汽车的发动机前置，使车身重心相对前移，产生不平衡感。一般来讲，横风的风压中心和车身重心相接近。但鱼型车的造型关系使其在高速时会产生一种向上的升力，使车轮附着力减小，这样一来便抵挡不住横风的吹袭，以致发生方向偏离的危险。

针对鱼型车的这些缺点，人们想了许多方法加以克服。例如，人们在鱼型车的尾部安上一只上翘的"鸭尾"，以克服一部分升力，业界称之为"鱼型鸭尾式车型"。

6. 楔型汽车

20世纪70年代，随着生活水平的不断提高和科学技术的快速发展，人们对汽车的要求有了新的认识和更深的追求。人们不但要求汽车的速度，而且对汽车的安全性、舒适性、稳定性等方面也提出了更高的需求。为了解决鱼型车结构所带来的升力问题，意大利的"天才车身设计师"甘迪尼创造了另类的楔型设计概念，在历经反复的实验以后，楔型造型汽车得以问世。楔型汽车的车身前部采用尖形的样式且向前下方倾斜，这样一来便使车头前端非常低矮，而车身后部则如刀切一样平直，高度较高，呈明显的楔梯型，因此这类车型具有很好的稳定性，既有利于提高车速又保证行车的稳定性。尤其是它成功地解决了困扰设计师们多年的升力问题，得到了业内专家们的一致好评。

然而，楔型汽车量产后的市场反应差强人意。主要原因是该车的外形怪异、视觉冲击力很强，但在船型汽车与鱼型汽车盛行的年代，消费者很难接受与之形成尖锐对比的楔型造型。俗话说，是金子总会发光。随着时代的变迁，楔型汽车的设计优点开始受到重视。现代楔型轿车的特点是，发动机舱盖前倾，行李舱加高。由于车身前部呈尖形且向下倾斜，高速行驶时的空气流可在前轮产生向下的压力，防止前轮发飘。车身尾部如同刀切一样平直，可减小车顶以后部分的负压，从而防止后轮飘起。为了使沿车顶流动的空气在尾部产生向下的作用力，增大后轮的附着力，个别车型的尾部采用了"鸭尾式"造型，最大限度地解决了升力的问题。福特公司推出的楔型汽车就是一个成功的案例，如图5-9所示。

图5-9　福特楔型轿车

7. 超现实概念汽车和蛋型汽车

概念车作为一种超现实车型，具有独特的造型设计理念。开发概念车一方面是为了激发创新，另一方面则是汽车生产商展示自身研发能力的方式。汽车生产厂商能以此向外界展示公司的发展前景和企业的设计风格，通过对概念汽车的设计与欣赏，传达出人们对未来生活的美好憧憬与对尖端高科技的向往，如图5-10所示。

图5-10　兰博基尼概念汽车

这里介绍一款概念车的优秀案例，即蛋型汽车。设计师从增加轿车的功能上进行创造性思维转换，研发了一种新型的多用途轿车，这就带来了MPV的问世。由于这种车整体型态酷似子弹头，平顺光滑，极具速度感，被外界亲切地称为"蛋型车"，如图5-11所示。蛋型汽车颠覆了传统的两厢和三厢的结构概念，在小型客车概念的基础上进一步延伸，既有轿车优美的造型风格又具有小型客车承载量大的空间特点，成为了集商务和旅游休闲等功能为一体的多用途汽车。进入20世纪80年代以后，克莱斯勒汽车公司的道奇分部和顺风分部率先推出了"航海家"和"商队"两种型号的蛋型汽车。同期通用、福特公司及丰田、雷诺、奔驰等汽车公司，也争相推出各自风格迥异的蛋型车。蛋型汽车无论是整体造型，还是速度感；

图 5-11　蛋型车的代表
雪铁龙电动概念车EGGO

无论是乘坐的舒适性还是驾驶人操作的空间感都十分出色。

不同时代的汽车产品体现了不同的审美特征与审美价值。当前，汽车工业已成为很多国家的制造业基础乃至经济增长的动力。谁能率先生产出符合社会发展规律，获得大众认可的汽车，谁就能在日益激烈的市场竞争中脱颖而出。未来汽车的设计趋势，是向着简洁、丰满、挺拔、通透等方面发展。在节约能源、努力走可持续发展道路的基础上，更加注重人性化的设计，融合各地的民俗文化与精神内涵于一身，使人们获得归属感。总结和探讨汽车设计美学的时代特征，是为了将汽车设计的实用功能与精神功能相互和谐、互相统一，从而设计出更加新颖独特、实用经济、美观时尚的现代汽车产品。

5.2　汽车设计美学的民族特征

据不完全统计，当今世界有上千个民族，各民族依据其世代相传的传统和文化，形成了自己的民族特征。每个民族都是独一无二的，每个民族都有其自身血液中流淌的情怀，和与生俱来的民族烙印，而民族艺术正是各民族在民风、民俗、民情等方面的独特体现。汽车作为一种划时代的现代工业产品，也深受民族性格和文化的影响，彰显着独特的民族文化魅力。汽车自诞生以来的百年历史长河中，技术和造型上不断丰富积累的同时，还被赋予了人类特有的价值观、生活形态、情感需求等。同时，不同民族的汽车设计风格也从另一个角度述说着属于它们的情怀，折射出不同的设计理念和审美取向，已然成为了民族性格、民族文化的载体。因此，在设计中针对不同民族的文化特色和喜好进行研究是十分有必要的。

20 世纪 70 年代起，全球汽车市场竞争愈发激烈，汽车造型是在市场竞争中取胜的关键因素，也因此愈发受到人们的重视。汽车造型设计的发展深受民族文化传统的影响，而且这种影响是显著的。随着这些体现不同民族特征的汽车产品相继问世，人们不难发现那些取得成功的经典汽车造型无一例外地都成为了某一民族文化内涵的具体符号，看似虚无缥缈却又真实存在。虽然为了在竞争中取得先机，各个国家的各大汽车生产商都在造型设计上下足了功夫，使出浑身解数，吸引人们的眼球。可是无论怎样革新，各个国家的汽车仍然以其鲜明的民族特色表明各自的血统。譬如，中国的红旗轿车 CA770 和美国的林肯轿车相差甚远，日本的雷克萨斯轿车和德国的奔驰轿车也风格迥异，如图 5-12、图 5-13 所示。

图 5-12　红旗 CA770 与 1939 年的林肯骄车

图 5-13　奔驰 S 级轿车与雷克萨斯 LS600h

下面选取世界汽车工业最具代表性的三大洲为例，对现代汽车设计美学的民族特征进行评析。

5.2.1　欧洲汽车造型的民族特征

欧洲是现代汽车工业的摇篮，其拥有众多如雷贯耳的世界汽车品牌。欧洲的汽车工业历史悠久，汽车产业已经发展得十分成熟。众所周知，欧洲的汽车制造技术娴熟且精湛，机械性能卓越，车身造型经典，无可替代，并以大胆采用最先进的技术而著称。欧洲车不仅内在性能超群，而且车身总体线条优美、明快，讲究内在美和个性美融合并重。当今的欧洲车坛，可谓是百花齐放、众星云集，呈现出了多元化的特点：德国车的刚劲沉稳、英国车的尊贵典雅、瑞典车的安全环保、法国车的超凡操控性和意大利车的浪漫奔放以及在高性能方面的出色成就为世人称道。这些成功的经典品牌车型的设计都十分注重运用民族元素，展示汽车的民族文化内涵，并不断追求高品位的汽车风格和艺术成就。

1. 德国车：技术精良、结构严谨、造型经典、舒适安全、沉稳内敛

德国是欧洲的传统工业强国，因此德国汽车拥有领先世界的技术优势和工业基础，德国人卡尔·本茨（Karl Benz）被誉为"汽车之父"。德国人性格坚毅、果敢和冷峻，他们有着科学的头脑、严谨的态度、有条理的思维，他们的性格也在德国汽车上彰显无遗。他们低调内敛，勤奋上进，待人处事十分严肃沉稳，而且态度谦卑，为人真诚。一切力求按规矩和制

图5-14 德国汽车品牌标志

度行事，尤其做事认真仔细，责任心极强，是一个聪明、勤劳、讲究秩序、成熟稳重的民族。

德国汽车一向品质优良、做工扎实，每款汽车产品都体现出德国人严谨、细致的作风。德国人在机械方面堪称是世界的榜样，产品用料之纯、技术之精，在世界上难逢对手，在制造加工中一丝不苟到苛刻的程度，因此德国制造也成为了品质的象征。同时，德国 1.2 万多公里的高速公路中有很大比例都不限速，高速行驶是常事，德国车的设计也因而底盘扎实、悬架系统好、操控性能优良、安全性能出众。德国汽车在追求文化品位的同时，还注重高科技与艺术有机结合，充分体现了其民族特有的严谨、踏实的风格。德国车的典型代表有奔驰、迈巴赫、奥迪、宝马、大众、保时捷等，如图 5-15 所示。

德国车的造型多采用刚健挺拔的曲线、曲面来塑造车身。与法国、意大利车型相比，德国车无论是奔驰、宝马，还是大众，它们的传统风格十分明显，造型严谨，线条挺拔而有力度。例如，奔驰这种豪华车型通常以刚健沉稳、坚固、威严而著称；其车身整体的体面转折、凸凹变化处理得中规中矩，充分展示出静态美与动态美的完美融合。奔驰经典的鸥翼车型，圆滑流畅的曲线，犹如翅膀般的车门，美观又实用，堪称一代经典，如图 5-16 所示。宝马轿车造型挺拔而有力度，经典的车身比例，富有动感的线条，让人从侧面就可以断定其品牌，整体奔放潇洒，富有朝气与活力。奥迪车的设计具有新颖独特的个性，尤其在整车点、线、面的运用上，既灵活多变又统一协调；前卫而不失严谨，时尚又不失传统。

在汽车造型设计上，德国人一直坚守传统严谨的造型，坚持本民族的设计理念，注重材质和性能。但这种风格沉稳有余而激情不足，似乎不太符合这个时代张扬个性的风气。2000 年，宝马公司吸纳外来的文化元素，在亚洲和美国成功推出了激进造型的新产品并收获好评，但在德国本

奔驰 S400 4MATIC Coupe

迈巴赫 S 级

奥迪 A6

宝马 i8

大众高尔夫

保时捷 911

图 5-15　德国各大品牌汽车

土却并未取得预期的市场反响。这促使德国汽车厂商更加关注如何将本土文化与外来文化进行有机融合来设计汽车造型，以符合国际化市场的需要。2003 年宝马公司推出的宝马 Z4 用"立体火焰"的手法，造就了前悬长后悬短紧的修长比例，在保持宝马传统造型理念的基础上，在一定程度上打破了一贯的平稳设计风格。这款车起伏的边缘轮廓自然而不浮夸，极具雕塑感，给观众带来了极佳的视觉感受。2010 年推出的宝马 5 系（F10）除了技术上的改进外，外形设计上并没有那么激进，属于相对保守的车型，它基本上采用了宝马较为传统的设计元素，却反而更体现出德国的味道。其造型优雅大气、硬朗动感、线条流畅，动感与典雅和高级商用轿车的功能性完美融合，并在全球市场获得一致好评，如图 5-17 所示。

2. 英国车：经典保守、华贵高雅、含蓄传统

英国历史悠久，曾被称为"日不落帝国"。它有着悠久的汽车工业史，也有着深厚的文化内涵和底蕴。英国的传统文化塑造了强大的民族精神，悠久的汽车文化也塑造了独一无二的英国汽车，让其烙上了民族的烙印。

图5-16　1955—1956年
奔驰鸥翼300

图5-17　宝马Z4、宝马5系（F10）

历史上的竞争与对抗、战争与征服使英国人有着不屈的精神和流淌在血液中的高贵。英国人恪守传统、矜持庄重、典雅大方。英国绅士也是世界闻名，他们沉着、冷静、睿智、博学，还带有一丝孤傲。他们着装考究，彬彬有礼，给人风度翩翩之感。绅士的精神世界长盛不衰，大部分英国人都具有讲文明、懂礼貌的好习惯，素有一种传统的绅士和淑女风度，仿佛与生俱来。这种风度在其汽车造型上表现得淋漓尽致，在汽车工业的百年旅途中，英国车则一直被认为是豪华、典雅的完美体现，是价值和品位的象征，从头到脚都折射出浓郁的绅士气息。

英国汽车的制造技术千锤百炼，一直秉承传统的造车艺术。一些经验丰富的工匠甚至会对某些部件进行手工装嵌，体现了英国传统造车技术的精湛，处处流露出古老而高贵的英伦风情。英国人可能与德国人的性格最为相似，都秉持传统，但英国人似乎有着自己独特的坚持，整体车型更加严肃，更加保守化，从不刻意追求时尚，从不刻意迎合，始终保持着自身的高贵与优雅。英国车整体车型多采用直线、曲线、曲面和平稳小圆弧过渡的造型风格。它的凸凹变化具有较强的层次感和立体感，有如静态的雕塑，又如凝固的音乐。与其他国家车型相比，它略显孤傲。与德国车相比，

图5-18　英国汽车品牌

它在严谨中透视出厚重的文化内涵，传承了英国皇家的绅士风度。与现代的法国、意大利车相比，虽缺乏现代时尚元素，略显呆板、乏味，但很好地诠释了英伦华贵与古典的设计特征。英国汽车造型一直以经典风格和贵族气息为主，保留着早期流线型时代的一些典型特征，车身线条多以优雅流畅的曲线为主，激进大胆的造型可谓凤毛麟角。典型的名牌车有劳斯莱斯、宾利、捷豹、罗孚、莲花、阿斯顿·马丁等，如图 5-19 所示。

英国汽车品牌的影响似乎已经无法用简单的语言来形容了，它已经将机械转化成为一种超物质的精神形态，劳斯莱斯、宾利永远是英国的象征和骄傲。在豪华车领域，其他品牌一直无法与之匹敌，劳斯莱斯和宾利始终占据着金字塔尖的地位。随着时代的变迁，劳斯莱斯和宾利作为英国顶尖品牌的象征，如今已各自归入德国宝马和大众的门下，中国的上汽也将"英国汽车教父"MG 罗孚集团收入囊中，捷豹和路虎已然成为印度塔塔汽车的资产。虽然产业归属几经变迁，但是当人们提起劳斯莱斯、宾利、阿斯顿·马丁、罗孚等这些品牌的时候，首先想到的还是英国。由此可见，

劳斯莱斯幻影

宾利慕尚

捷豹F-TYPE

罗孚75

莲花Evora

阿斯顿·马丁One-77

图 5-19　英国各大品牌汽车

英国车有着始终抹不掉的民族烙印，它的根基还是在英国，与产权无关。都说英国人信奉传统，对于一切古老的东西都表现出难以割舍的情结，也许这正是英国文化的一部分。所以，无论身属何方，英国车似乎永远都是英国车。

3. 法国车：轻盈活泼、新颖浪漫、追求时尚

图5-20　法国汽车品牌

法国汽车的造型设计堪称世界汽车时尚的风向标，就如同法国巴黎名贵的香水和前卫时装一样，享誉全球。法国以浪漫著称，在很多时候它往往是在不经意间向世人展示出自己优雅成熟的魅力，这种优雅的底蕴就是来自法国悠久的文化历史，这种成熟的气质来自丰富的人文传承。法兰西民族的特性可以概括为热情、浪漫、奔放、洒脱乃至无所顾忌，这让法国汽车造型体现了超越时代的创造性思维结晶。法国作为浪漫之国，对时尚的追求胜过世界上任何一个民族，法国社会的艺术氛围有口皆碑，因此法国人都有着很高的艺术修养。他们设计的汽车在发挥性能的基础上也充分地展现出艺术性和个性，处处洋溢着热情和浪漫。法国的汽车设计，其新颖、独特的造型风格，一次又一次地对传统轿车造型进行了挑战，从而引发了一次次的时尚潮流。在法兰西民族的性格中，既有对理性的崇尚，又有热情奔放，但经常会陷入非理性的狂热之中，也因此法国车才那么具有魅力。

法国车的设计是建立在欧洲设计理念上的，汽车具有较好的操控性，人性化设计突出，他们常将车身轴距加长，后轮后移，使车内空间更加舒适、合理，底盘扎实稳定，具有超强的过弯能力。法国车做到了在整车形体设计上求发展，在局部细节中求成败。法国人是不拘束的，所以他们造出的汽车有玻璃面积大的特点，经常会出现全景天窗，车身多以大幅度的倾斜曲线、曲面塑造形体，将富有弹性的曲线和温和的圆弧过渡并有机地融为一体，通常给人或优雅洒脱或空灵飘逸的视觉感受。

标志汽车是法国车的典型代表，其整体车型多采用平顺、流畅的曲面、塑造了富于动感的形体。它不仅展现了时尚、前卫的文化内涵，而且透露出浓厚的法国浪漫气息，使整车散发出优雅与沉稳。大嘴的前脸设计，极

具表现力，大气十足；重点突出的狮子徽标设计则体现了世界名车的品位；锐利磁性的狮眼大灯，仿佛深藏着灵性与神秘；前后翼子板的呼应，充满了活力与魅惑；前、后风窗的过渡自然而协调；后尾灯的设计与前照灯交相呼应；四个轮毂设计也别具新意。雪铁龙则是最漂亮、最新潮汽车的代表。作为标准的法国车型，它骨子里体现着那种典型的法国精神：浪漫、优雅、精致和新潮。这就像它那两个"人"字重叠在一起的标志一样，诠释出一种真正的人本精神，如图 5-21、图 5-22 所示。

图 5-21　标致 308、雪铁龙 C6

图 5-22　雷诺梅甘娜 R. S.、布加迪威航

法国车的造型设计充满了时尚个性的线条，内饰也常有大胆创新的细节设计，经常不按常理出牌，体现出法国人敢于打破传统和谐的不拘一格的性格特点。例如：雪铁龙的富康、爱丽舍、赛纳、毕加索、凯旋、C2，还有标致 308、206，以及 DS3、DS5 都体现了这种特立独行到甚至有点固执的法兰西风情。同时，法国汽车公司的设计团队也善于接收多元化的艺术信息，十分注重突破和创新，在这种设计理念下研发的汽车个性鲜明、超凡脱俗。借助法兰西民族的文化内涵及对艺术的特有敏感，设计师经常会推出令人意想不到的时尚车型，令人叹为观止。例如，2015 年的雪铁龙 C3-XR 轿车，它采用家族式的前脸，镀铬格栅与前照灯相融合，让车子看起来更加宽大；前保险杠的层次感分明，尾部的设计简洁大方，线条偏圆润，回字形的尾灯加入了熏黑设计，点亮后的效果非常漂亮；行李架和侧窗使用银色涂装，轮毂采用双色不规则拼接式的造型，硬朗的腰线略显野性与嚣张；全透明的黑色车顶更增添了一丝神秘感，整体线条奔放、洒脱，

动感十足，使人眼前一亮，如图 5-23 所示。

图 5-23　雪铁龙 C3-XR

4. 瑞典车：守时诚信、憨态却不失高雅，充满了条理与秩序的美感

图 5-24　瑞典汽车品牌

　　瑞典位于斯堪的纳维亚半岛东部，它是北欧五国中最大的国家。由于气候寒冷的原因，瑞典的农业比重较小，工业比重大，拥有自己的航空业、核工业、汽车制造业、先进的军事工业，以及全球领先的电讯业和医药研究能力。瑞典的产业从简洁的宜家家具到引领潮流的时装，再到精湛的建筑技艺，瑞典的产业涵盖了一系列世界级创新行业，汽车行业当然也在其列。它是北欧五国中现在唯一一个拥有多个自创汽车品牌的国家。瑞典拥有发达的经济，较低的人口密度，环境优美空气清新，十分注重保护环境，同时瑞典人还享受着优越的福利制度，拥有令人羡慕的生活环境。瑞典是一个国民文化素质高、淳朴诚实、极为勤奋、讲求效率的国家，守时、诚信对他们来说，不仅仅是一种美德，更是一种必须遵循的生活原则。

　　一辆传统的瑞典汽车给人以朴实无华却富有内涵的印象，仿佛一个瑞典人的化身。虽然现代的瑞典汽车已然充满高科技的元素，但仍不失瑞典人的那种冷峻、质朴又执着的个性。瑞典汽车的整体造型优雅、含蓄而有风度，其主要代表品牌有沃尔沃、萨博以及著名的新兴汽车品牌科尼赛克等，如图 5-24 所示。沃尔沃车崇尚安全至上，有着高性能、低耗能、高安全性、高舒适性等特点。它的整车造型收敛、含蓄，温文儒雅的体态折射出感性美与理性美的和谐统一。例如沃尔沃 XC60 看起来充满未来感，是同类汽车有力的竞争对手。该车浮雕风格的车身，完整而富有变化；前后车门的设计既有重复性又有突变性；前脸的设计整体协调，其中标志的斜线设置与格栅的背景相对比，保险杠的凸凹变化与前脸形成整体，塑造了标志与格栅重点突出的艺术风格。此外，前照灯采用了猫眼通透仿钻设计，显得晶莹剔透，光感耀人。沃尔沃XC90外观大气、时尚、简约，运动风格更为明显，配置和技术涵盖更加丰富，空间更为宽敞充裕，如图5-26所示。

图5-25　沃尔沃XC60、沃尔沃XC90

　　萨博则是一个主打运动理念的品牌，也是车用涡轮增压发动机的鼻祖，它注重速度，更富有激情，不断推陈出新。例如限量款萨博Turbo X具有大量的镀铬件，更显高贵，前脸的进气格栅呈现出X形状，具有很强的视觉冲击力。车身颜色只有单一的黑色，显得很神秘。它也是萨博到目前为止速度最快的车型，使这款本来造型就极富动感的车更加魅力十足，如图5-26所示。

图5-26　萨博Turbo X

　　科尼赛克是超级跑车品牌之一。比起其他的跑车厂，它的造车厂规模小，制造的跑车数量也不多，但每一辆车都用毫不妥协的态度打造。这让车厂在车坛上一直享有盛名。科尼赛克汽车公司是瑞典的克里斯汀·科尼赛克在1994年创立的一家小型手工跑车制造厂。制造厂的主要创意和目标是制造出全世界最快的超级跑车。科尼赛克汽车的外形十分强悍、骁勇，且时速惊人，经过设计团队的拼搏与不懈努力，终于创造出387.87km/h

的量产超级跑车 Koenigsegg CC8S，并获吉尼斯认证，如图 5-27 所示。此品牌的其他车型，如图 5-28 所示。

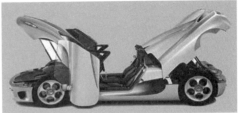

图 5-27　科尼赛克超级跑车 Koenigsegg CC8S

图 5-28　科尼赛克 Regera、科尼赛克 Agera

5. 意大利车：前卫奇特、激情奔放、标新立异、绚丽多彩

图 5-29　意大利汽车品牌

　　欧洲可谓世界汽车造型艺术发展的中心，而意大利无疑是汽车造型设计的圣地。意大利是一个充满了艺术氛围的国度，艺术已经融入了意大利人的生活，成为所有意大利人的精神追求，整个国度浪漫气质和时尚元素兼容并举。意大利地处南欧亚平宁半岛，终年阳光充足，商业贸易繁盛，孕育了意大利人豪迈、爽朗、乐观、热情的性格和崇尚自由与充分享受的人生态度。他们讲究穿着的品质与样式，强调生活的情趣与休闲，欣赏工作的创意和想象力。这个几千年古老文明积淀的民族，四处展示着其惊艳

的风情。意大利人不仅具有热情奔放的生活态度，还拥有丰富的创作灵感和激情，就连硬邦邦的汽车工业，也被意大利人演绎为一部浓重的历史传奇。其主要代表品牌有菲亚特、法拉利、兰博基尼、蓝旗亚、阿尔法·罗密欧、玛莎拉蒂等，如图 5-30 所示。

无拘无束、坚韧、豪放而又细腻的民族特征，使意大利汽车展现了独特的奔放美与洒脱飘逸的理性美。具体来讲，意大利汽车的造型设计十分注重整体车身的比例与尺度，对曲线和直线的运用，以及对车身变化的节奏感掌握得游刃有余，犀利大胆的造型，流畅的大线条，在局部造型上（如车灯造型）突出简洁明快的视感，具有很浓郁的艺术气息。

不得不说世界上大部分的专业汽车设计师都集中在意大利，因此意大利可以提供你想要的任何类型的汽车，满足你对于汽车的任何想象。世界上有许多名车的设计都出自意大利，虽然意大利汽车的产量并不算大，但却涌现了一批又一批顶级的汽车设计师。与其说是这些杰出的设计师造就了意大利，不如说是意大利造就了他们。这些世界顶尖设计大师创建了自己的汽车设计公司，并推出了许多世界经典汽车造型。例如，乔吉托·乔

法拉利488

兰博基尼Centenario

菲亚特菲翔

阿尔法·罗密欧Stelvio

蓝旗亚

玛莎拉蒂-Levante

图5-30 意大利汽车的代表

治亚罗的 Italdesign 设计公司、吉奥瓦尼·博通的 Bertone 以及塞尔吉奥,平宁法尼纳的 Pininfarina 设计公司。他们设计了显赫的世界名牌汽车,例如,法拉利、兰博基尼、菲亚特、阿尔法、罗密欧、蓝旗亚、玛莎拉蒂等,如图 5-30 所示。其中,兰博基尼汽车被人们称为高雅的象征、激情的典范。它具有低矮的车身、巨大的进气口、独创的"剪刀门"和一览无余的发动机,整体造型极致简约、犀利明快、特立独行、风情万种,被世人称为"情人"。玛沙拉蒂汽车则给人以优雅而不失华贵、华贵中充满动感的视觉效果。它采用弧面、曲线来塑造形体,修长的车身动感十足,流畅的曲线洒脱浪漫,倾斜的前后风窗交相呼应,前脸的设计凸出格栅与标志有机结合,既形成了格栅的统一,又蕴含着三叉戟徽标的变化,体现了整体的韵律美,使人获得一种视觉上的享受。再如,法拉利被誉为是当今汽车的旷世之作,它是意大利的骄傲。其发动机位于车后,车身呈前低后高的楔型,给人以极为强势的动感,侧面整体线条有几次凹凸变形,却又连接、转合得天衣无缝,给人以无法抗拒的诱惑。它是意大利汽车的代表,将优雅的艺术风格与健美洒脱的民族元素融为一体。

6. 俄罗斯车:粗犷豪放、沉稳厚重、强劲洒脱

图 5-31 俄罗斯汽车品牌

俄罗斯是世界上疆域最大的国家,地跨亚欧两大洲,资源丰富,可谓地大物博,俄罗斯人宽广的胸怀就源于这近乎无界的空间。自然生态环境孕育了俄罗斯人的粗犷顽强的气魄和豪爽豁达的性格,与之相互映衬的还有俄罗斯人高大魁伟的身躯和英勇坚强的精神,这些都为俄罗斯文化奠定了坚实的基础。俄罗斯人不但爱美,更欣懂得赏美,善于创造美,他们虽然比不上法国的浪漫,也比不上意大利的艺术感与洒脱,然而在粗犷坚毅的外表下依旧拥有着浪漫和幻想,以及直率和幽默感。在世界艺术殿堂中,俄罗斯具有不可替代的位置,例如俄罗斯的绘画、雕塑、音乐、舞蹈都堪称世界一流。

俄罗斯道路宽广、路况良好,汽车数量也少,因此俄罗斯车普遍追求高速而耗油量偏大。在汽车造型设计中,俄罗斯车硬朗的线条让人过目不忘,给人强劲有力、坚毅不屈的感受,其中还透着豪迈之情,将俄罗斯民

族的风格与气魄展现得淋漓尽致。目前，虽然
一些俄罗斯的名车已经停产，但像拉达、伏尔
加、吉姆、嘎斯等这些老牌名车，也曾风靡一
时，如图 5-31 所示。尤其是伏尔加轿车，如
图 5-32 所示，曾在 1958 年布鲁塞尔国际工业
展上，一举夺得最高奖项，并风行世界 70 多个
国家。

图 5-32　1956 年的伏尔加 M21

俄罗斯国内最大的汽车制造厂是伏尔加汽车制造厂，它拥有 50 多年
的历史。伏尔加轿车有它自身的科技发展、民族发展、艺术发展的特征。
其盛行时曾出口到包括中国在内的 75 个国家。比利时人将伏尔加汽车称
为"车轮上的坦克"，英国人则称其为"能负重的马"。而中国人也有属于
自己对伏尔加汽车的回忆，20 世纪 50 年代在中国领导干部的公派用车中，
伏尔加汽车称得上主打，并一度成为衡量汽车性能的标杆。第一代伏尔加
轿车造型似奔放的雄鹿，拥有平顺、光滑、流畅的线条、坚实的主体结构
和舒适的内部环境。尤其是镀铬工艺的鹿形汽车标志，其形态昂头挺胸与
整车造型形成统一，与前脸散热格栅的设计相得益彰，具有强烈的感染力
和视觉冲击力。虽然嘎斯 21 曾相当受市场欢迎，但随着时间的迈进，其
造型逐渐落伍。1956 年 10 月 15 日，在美国福特公司协助下，伏尔加轿
车的嘎斯-21 型下线，同时新车型也不断问世，如图 5-33 所示。然而，
俄罗斯汽车工业近况不佳，外形坚实有力、体态笨重、耗油量大的伏尔加
汽车似乎已不再适应现代市场的需要与汽车设计的主体潮流。

图 5-33　嘎斯-22、嘎斯 3110

直率强悍的俄罗斯人也能制造出线条优美的跑车，这不得不提到
Marussia 是俄罗斯第一家超级跑车车厂，由俄罗斯 FIA N-GT 赛车手
Nikolay Fomenko 创立。在 2008 年法兰克福车展上展出的 Marussia 超级
跑车 B2，其犀利独特的造型魅力四射，足以让全世界刮目相看。Marussia
B2 以战斗机外形为原型进行设计，整车为 M 造型，极富侵略性，前部俯
冲设计加上竖列前进气坝，组成了形似"M"的前脸，两侧收腰，车尾设

计也极其简洁明了，正如俄罗斯民族带给人们的健美感受，简单直接却不乏优美的韵味，如图 5-34 所示。

图 5-34　Marussia B2

5.2.2　北美洲汽车造型的民族特征

美国被誉为"车轮上的国家"，也是世界上公路里程最长的国家之一，全国已形成了四通八达的现代化公路系统。20 世纪初至今，美国汽车工业已有超过百年的历史。以美国车为代表的北美洲车，在激烈的市场竞争中不断创新发展，迎合消费者对汽车造型和性能的需求，并将本民族的汽车品牌销售到了世界各地，美国已然成为名副其实的汽车大国，见图 5-35 所示。

图 5-35　美国汽车品牌

美国人开朗大方，讲求实际。美国早期的开拓史造就了他们善于在逆境中不气馁、孜孜以求的性格。他们独立进取，总是追求新奇的事物，不断地改变环境，在冒险中寻求刺激。美国人有与生俱来的自信、坚强不屈的性格和勇往直前的精神。美国车的造型洒脱而奔放、先进而充满个性、夸张而富有想象，在以钢铁和机械为标志的发达的工业技术背景下，美国汽车的风格也一直呈现出硬邦邦肌肉发达的金属机械感和大排量带来的豪迈动力感。在美洲这块广阔的大陆上奔驰的汽车总是充满生气与活力。他们可能是全世界最不愿意受传统束缚的人，纽约港口的自由女神，振臂高举自由之火，告诉世人，美国人向往自由甚至重于生命。美国车处处彰显出美国人的个性与生活方式，美国没有户籍制度，可以任由个人随意迁移，汽车则是他们主要的移动工具，因此他们追求的是宽敞舒适、设备齐全、豪华气派、强劲有力以及车身线条舒展流畅的车型，来满足他们随意的迁移与走动，享受无尽的自由。

美国汽车造型设计可谓独树一帜，这与美国人骨子里透着奔放，追求自由与个性，同时又具有包容性密不可分，因此美国汽车一向以宽敞舒适、豪华气派、大平棱方著称。美国不仅是全球拥有汽车数量最多的国家，也是汽车体形最大的国家。美国车最大的特点就是车身较大，又宽又长，同时安全性、隔音设计、舒适性较好，发动机则强调大排量、大功率，而不太在乎油耗。美国车整车造型多采用直线、斜线、并以棱线来塑造型体，棱角分明，肌肉感强烈，具有刚劲有力、坚硬挺拔的视觉冲击力。美国汽车前脸多采用栅格且装饰十分华美讲究，多有镀铬亮条镶嵌在车窗以及车身周围，内饰设计简约、通透且十分宽敞，轮毂巨大，整体看上去气势十足，如图5-36至图5-39所示。

图5-36 1920年舒展流畅的凯迪拉克埃尔多拉多

图5-37 1994年凯迪拉克元首加长车（6.96米）

图5-38　1989年凯迪拉克福利特伍德

图5-39　奥巴马专用凯迪拉克

凯迪拉克是美国的豪华汽车品牌，在汽车行业内创造了无数个第一，它的花冠盾形徽章标志也象征着其在汽车行业的领导地位。凯迪拉克遵循艺术性与技术性相结合的定位方式，秉承尊贵、豪华与硕大的设计风格，重视舒适与安全的协调。它不仅是世界各国政要乘用车的首选之一，也成为上层名流显示地位、豪门贵族炫耀富贵的座驾。凯迪拉克有着圆润的线条、锥形的尾部和修长低矮的轮廓，而加长版的系列车型更加充分展现了美国车的精神面貌。整车造型多选用有力度的直线，加之有性格的斜线，呈现出宽大方正的美学特征，加长的车身显得稳定而洒脱，是尖端科技与艺术理念的完美结合体，给人以大气、平顺、豪放的美式气度，尤其是大面积的侧窗，显得高雅而华贵，深沉中透视出精华。前后车轮设置条理分明，既有相统一的造型风格，又有变化多样的艺术特点，一切在流畅动感中浑然天成，如图5-40所示。

图5-40　凯迪拉克ATS-L、凯迪拉克ESCALADE

20世纪90年代末，美国汽车厂商加快了其全球扩张的步伐，他们凭借雄厚的实力，兼并了很多知名汽车品牌，并陆续在欧洲和亚洲建立了汽车设计工作室，不拘一格地选拔有才华的设计师，逐步构建了今天的汽车王国。紧跟世界的脚步，美国汽车的美学设计风格也悄然发生着变化，"边锋设计"可以说是对这一设计趋势的概括。它大胆地采用一些比较硬的大角度线条，使整车显得非常刚性。例如，全新的福克斯就有三条非常明显的特征线：车顶轮廓线、车身轮廓线以及轮毂线，整车给人十足的线条感，如图 5-41 所示。美国车近年来也在汽车设计思路上向着更符合潮流的年轻的方向逐渐转变，同时开始注重人本主义，这在中国市场体现得十分明显，如别克、雪佛兰、福特等都更具有欧洲风格，注重驾驶人员的空间需求，外观意到随成，做工上的进步在一定程度上掩盖了其不太注重细节的问题，一向夸张粗犷的造型特点正在慢慢收敛，也得到市场的认可与接受。但是无论怎样改进，一直以来美国车就没有离开过豪华、气派、大功率的领域，也许美国人认为，只有这种造型才更匹配他们世界第一超级大国的身份，更能表现出他们俯视全世界的姿态，在骨子里的那种霸气与奔放，美国车从来都不肯放弃，如图 5-41 所示。

图 5-41　福特福克斯、福特 EcoBoost

5.2.3　亚洲汽车造型的民族特征

亚洲汽车工业虽然起步较晚，但仍颇具实力。近年来，亚洲的汽车工业和汽车消费市场都在迅猛发展，受到了全球汽车厂商的青睐以及各国市场的欢迎，逐渐在汽车领域成为不可或缺的重要角色。基于亚洲的经济发展及人口状况、市场需求，全球各大汽车厂商都将亚洲市场作为第一增长点。以目前的市场形势来看，亚洲市场有着无限的潜力和机遇，被大部分汽车厂家摆在战略首要位置。

1. 日本车：精巧玲珑、细致入微，色泽华美、灵活多变，朴实精华、简约实用

日本汽车无论造型还是技术都是凭借模仿欧美车起步，但很快便构建起独立自主的品牌体系，走上了一条引进消化和自主创新之路，成为亚洲汽车工业发展最为迅速、最为发达的国家。这多半要归功于日本是一个善于学习的民族，以及日本文化中一直蕴含着的向强者学习以及不断超越的理念。目前，日本已经创造了凌志、皇冠、公爵、雅阁、蓝鸟等世界著名汽车品牌，在世界汽车行业扮演着重要角色，如图 5-42 所示。例如，丰

图5-42 日本汽车品牌

田卡姆利、凌志及本田阿科德系列车型都已经带有自己强烈的民族风格。如果说美国人对汽车工业的最大贡献是发明了流水线作业，那么日本人对世界汽车工业的最大贡献就是开创了精细的生产方式和销售方式。正是由于日本人是一个纪律感很强，对工作认真到近乎变态的民族，日本车的设计和用料尤其显得细腻、精致。在汽车造型、机身制造以及内饰细节等方面特别能体现日本民族性格中做事一丝不苟的特点，无论是车门缝隙的大小，漆面的光滑平整度还是车身的焊接工艺都会做到一板一眼。日本汽车采用精益求精的态度和科学严谨的方法，严格控制和管理汽车的设计开发、工程技术、采购、制造、储运 、销售和销后服务等每一个环节，达到以最小的投入创造出最大的价值的目的。这些足以解释日本民族是如何在短时间内缔造了一个汽车强国。

　　20 世纪 90 年代开始，日本汽车在进行造型设计时，已经不再局限于本国市场，而是充分考虑世界主要汽车市场消费人群的需求重点，兼顾东西方消费者的偏好而进行设计定位。当前，日本车的造型风格通过吸取欧美众多名牌汽车的优点，对市场需求进行了全面分析，逐渐形成了本民族特有的一种简约、务实、淳朴的造型风格。而丰田作为日本汽车企业的典型代表，更是在汽车行业内创造了一个又一个奇迹。日本车整体造型现多选用弧面、曲线和小圆弧过渡来塑造型体，整车具有较强的亲和力，给人以亲切、圆润、和谐的视觉感受。外形的动感、车内的宁静彰显其品位，朴实无华而又简约实用，车身工艺精巧玲珑而又细致入微，而其车身比例也是高度协调统一，如图 5-43 所示。

图5-43　丰田凯美瑞、丰田埃尔法、本田雅阁、三菱帕杰罗、尼桑370Z、尼桑蓝鸟

日本人一贯易于接受新的技术和来自不同文化的设计理念和设计元素，在一辆日本车上可以同时看到日本的精致、欧洲的豪华、美国的简约、中国的平和，可谓吸百家之精华、集众家之所长。日本汽车在造型上非常追求完美，几乎无可挑别，显示出东方人的细腻与精巧。同时日本的汽车设计展现了丰富的趣味性，他们注重把所有的设计创意以亲切有趣的方式与使用者进行交流互动，用设计语言去表达设计理念，借此增强用户好感。日本汽车中的这种趣味性没有流于肤浅，也没有在过度追求细节精巧中迷失，而是经过东瀛文化充分雕琢和润色之后给人以轻松愉悦之感，经得起品味和斟酌，既充分体现日本文化的多元性，又传递了本民族的精细和素雅。尽管日本汽车起初可能更趋于欧洲型轿车，但是随着日本车型设计的日趋成熟及高水平技术的广泛应用，日本轿车越来越显示出自身的个性及其文化色彩。例如丰田汉兰达，如图5-44所示，本身并没有一个十分夺目的造型，没有夸张的线条以及所谓的侵略感，但是细节却十分经得起考量，进气格栅及横镀条简单而精致，大灯没有其他车最普遍狭长锐利的感觉，而是用不规则的形状展现了一种规则感，整体造型十分沉

图5-44　丰田汉兰达

稳、平和，体现了属于日本民族的精细和朴实。

丰田旗下的豪华品牌雷克萨斯浓缩了日本豪华汽车的亮点。雷克萨斯（LEXUS）的读音与英文"豪华"（Luxury）一词相近，使人联想到该车是豪华轿车的印象，而它的宣传口号更是"追求完美"。每辆雷克萨斯汽车都拥有至臻完美的产品品质，并在诸多细节中折射出"纯、预、妙"的设计哲学。它以日本车惯有的精致舒适著称，通过材质的变换及与新科技的结合，追求一种简约清雅的感觉，却又不失豪华高贵。日本近来对于人本主义的重视也很好地体现在其人性化的豪华内饰设计上。舒适节能，流畅的车身线条，多元化设计理念的集合，使雷克萨斯达到了一种平衡的动态美，如图5-45所示。

图5-45　雷克萨斯LC、雷克萨斯GS

2. 韩国车：轻巧耐用、简洁圆润、至美浑厚、视感亲和

图5-46　韩国汽车品牌

韩国汽车工业属于世界汽车工业的后起之秀，走的道路和日本汽车工业很相似，都是从模仿欧美汽车起家，同时更重视市场能力和本地化能力。众所周知，韩国人对于本国品牌的产品极其热衷，也因此在韩国行驶的车辆中，大多都是韩国本土品牌的汽车，几乎看不到国外品牌的汽车。韩国民族崇尚儒教，尊重长辈，待人处世十分质朴，非常注重礼节。韩国人性格热情直爽，自尊而独立，永不服输是他们坚持的精神，他们善于接受挑战，向世人证明自身的价值。韩国人勤奋、善于变通，注重细节，有很强的民族自尊心以及强烈的拼搏精神，且具有团队意识，善于协调合作，这使得韩国汽车行业的发展也蒸蒸日上，如图5-46所示。

韩国人尊重知识，崇尚实力。韩国政府十分重视民族汽车设计与发展，政府对于汽车企业的支持与保护力度很大，并且大力倡导从美国、日本等先进国家汲取先进经验，在设计上韩国车紧跟世界潮流甚至更前卫，配置上领先齐全，技术上稳步提高。韩系车也很务实，中规中矩是韩国车的主打设计思想，在很多特征上很接近日系车，这也与韩国自身的中庸文化一脉相承，形成了简朴、环保、实用的造型设计风格。与此同时，韩国的设计师也注重挖掘本国民族特色的元素，并将其巧妙地应用在汽车设计中。如今韩国的知名汽车品牌有大宇、现代、起亚等，如图5-47所示。

图5-47　大宇TOSCA，现代索纳塔，现代Veloster、起亚斯汀格

　　韩国最早从事汽车生产的公司是起亚公司，正如它的名字表明了韩国的汽车行业想要在亚洲崛起的信念。起亚通过不断完备其设计研发中心，不断改进创新，使得起亚汽车有着更加年轻化的品牌形象，车头虎啸式进气格栅成为起亚汽车的标志，"TigerNose 虎鼻"则成为家族的设计语言。如今，起亚汽车呈现出更具流动性，更加年轻、动感、时尚的外形。例如Novo概念车，整体线条相当动感简约，有着招牌式的进气格栅，但线条更加圆润饱满，前脸造型及镀铬饰条的装饰更显大气凶悍，如图5-48所示。

图5-48　起亚Novo概念车

　　现代汽车作为韩国车的代表，历史虽短，却浓缩了韩国汽车工业的发展史，从中可以看到的是那种自强不息、坚韧不拔的韩国精神。现代汽车

公司从建厂到独立自主开发车型仅仅用了 18 年的时间，就成为韩国最大的汽车集团，并成功跨入全球汽车行业 20 强。现代汽车品牌的车标是一个明显的斜体"H"，外围由一个椭圆圈住，"H"不仅是公司"HYUNDAI"的首字母，同时也是两个人握手的形象艺术表现，代表着合作与信任。现代汽车车如其名，很好地体现了与时俱进的汽车设计理念，将韩国车设计新潮的特点展露无遗，深受年轻一代的欢迎。它兼顾澎湃的动力和韵律般的曲线，将整体车型塑造的朴实而华美，将色彩设计的协调而统一，给人以视觉上的强烈美感。例如，现代 Neos-3 概念车彰显了韩国车独特的魅力与设计的新潮流，流线的车身外形，配有整合式的头灯和水箱护罩，车身长达 5 米，整个车身线条流畅，浑然一体，体现了韩国车一贯的圆润浑厚，极富动感，如图 5-49 所示。又如伊兰特 LPI 混合动力车，整体造型棱角分明却不生硬，前脸线条极其圆滑，前灯神似人眼，炯炯有神，使整车富有生命力，让人感觉更容易接近，质朴且实用。再如捷恩斯 GV800，车头部分设计有巨大的盾形亮面金属中网以及抢眼的独特车灯造型，轮圈条纹和整体曲线及前脸格栅遥相呼应，十分有辨识度，是韩国车系向未来迈进的一大步，如图 5-50 所示。

图 5-49　现代 Neos-3 的概念车

图 5-50　伊兰特 LPI、捷恩斯 GV800

3. 中国车：庄重大方、深沉内涵、中庸平和，体现了五千年中华民族的传统文化精髓

图5-51　中国汽车品牌

中华民族经历了千百年来的历练和沉淀，有着顽强的生命力，非凡的创造力和强大的凝聚力。中国的汽车产业虽然起步较晚，但富有活力，属于新兴的汽车工业强国。中国位于亚洲东部，是四大文明古国之一，中国文化博大精深，源远流长。中国疆域辽阔，地大物博，民族众多，自然而然地形成了多元化的丰富多彩的民族文化。中国人自古以来崇尚儒道，因此中国人儒雅、谦逊、平和，有着孝悌仁爱、勤劳朴实、智慧内敛、稳健持重、隐忍宽容、节俭持家等传统美德，这些属于中华民族的性格特点在汽车设计领域有着很好的体现，如图5-51所示。

中国元素是中国文化的精髓，是中国文化独有的内在和外在特质的体现，它既存在于精神层面，又存在于物质层面。在精神方面有诸如强调"中庸"的儒家思想，还有提倡"无为"的道家思想；在物质层面包括：动物元素，如龙、凤、麒麟、熊猫等；建筑元素，如古代的长城、园林、宫殿等，现代的水立方游泳馆、鸟巢体育馆等；服饰元素，如旗袍、唐装、丝绸等；自然风景元素，如长江、黄河、泰山等；传统器具元素，如瓷器、玉器、明式家具等。这些元素都属于中国传统文化的具体表现形式。中西方元素运用差别十分明显，这是中西方巨大的文化差异和价值观差异造成的。注重局部的精细刻画是西方元素的本质属性，而中国元素的根本特征是注重于整体的韵味与和谐。以汽车线条为例，中国线条与西方线条就存在很大差异。西方的线条更注重理性，并以精确的透视学、几何学原理为基础；而中国传统文化中的线条有长度、宽度、方向和力量，对线条的理解完全出自主观感受，更加感性，这也正是中国线条的魅力之所在。

1956年7月14日，"解放"牌载货卡车从长春一汽总装线上盛装下线，中国汽车工业由此发端，开启了中华民族汽车工业梦想的新纪元。1958年5月12日，第一辆"东风"牌轿车诞生，也被称作是红旗轿车的

前身，如图 5-52 所示。同年 8 月 3 日，第一辆"红旗"牌轿车问世，标志着中国汽车业开始向塑造民族独立品牌的目标迈进。红旗，这个在中国家喻户晓、耳熟能详的汽车品牌，见证了新中国发生的诸多历史事件。半个多世纪以来，中国汽车工业经历了从自力更生到打开国门再到走向世界，从寻找合资合作到民族自主品牌日益成熟的发展历程。正如中国人一贯以对称为美，红旗汽车产品的形态具有良好的对称美感，整车造型给人以中庸、平和、顺畅的视觉效果。车身结构合理、工艺精良、大气沉稳，车内空间宽敞，展现出极强的中国元素和美学风格，宜人性也得到了充分的体现，如图 5-53 所示。

图5-52　1958年东风CA71

图5-53　红旗轿车

　　中国的汽车工业设计也有其独特的文化沉淀，红旗轿车的设计成功体现了轿车造型与中国元素的完美结合。意大利著名造型大师平宁·法利纳曾经评价红旗车为"东方艺术与汽车工业技术结合的典范"。例如，红旗CA770 车上中国元素的运用，可以看到车身设计中运用了明式家具的明暗线条，造型规矩方正；前格栅的设计灵感来源于中国的扇面；尾灯是对中国古代宫灯的一种演变，车内饰物材料则运用有长白山的树根和杭州的云锦。这些中国元素充分体现了中国人中庸和谐、大气周到的设计理念。再以红旗 C131 为例，它是红旗推出的一款豪华车型，整体庄重典雅、豪华大气，其简约平和的线条与中国传统文化中的流水颇为神似。前部有红旗汽车的经典造型，即标志性的小红旗；前脸直瀑式的大进气格栅，扇形依旧保留周围增添了全镀铬装饰；大灯上方有横条式的灯眉，增添了前灯的神韵。厚实的前脸让人联想到美式十足的林肯汽车，它体现了中国传统文化与西方现代设计文化的合理结合与升华。红旗汽车已经成为一种"红旗精神"，成为一种信仰，随着历史的变迁一代代地传承，如图 5-54所示。

图5-54　红旗轿车CA770、红旗轿车C131

图5-55　一汽奔腾T99

一汽奔腾 T99 的造型设计是感性美理念的集中体现。该车型发挥光影美学效果，给人们带来了强烈的感官刺激，营造出棱角分明的整车立体感。笔直的腰线贯穿整个侧面，明快硬朗，使刚劲与细腻之美的美学效果并存而生；数码雨滴式前格栅使设计充满亮点，与两侧的 LED 大灯完美融合在一起；尾部采用了羽箭型刹车灯，科技感强烈。此外，旗杆型日间行车灯、悬浮式车顶、贯穿式尾灯、动态转向灯等亮点设计同时出现在 T99 上，总体感觉让人眼前一亮。这款车成就了感性美设计理念的实现，使其降低了长途驾驶的疲劳感，让广大消费者体验到驾驶的乐趣，如图 5-55 所示。

图5-56　一汽红旗H9

2020年1月，红旗H9在人民大会堂首发，为汽车设计的理性美作出表率，设计团队将中国的传统文化与精准的数据分析融为一体，打造出符合理性美学特点的流动艺术品。红旗H9东方美学风格表现为"中和"之美，即多样性的统一使存在矛盾关系的两个方面之间，具有了一种不偏不倚、刚柔并济、和谐协同的"中"的结构与"和"的关系，如图5-56所示。

H9前脸的大气端庄来源于东方美学中常用的白银比例。相对于黄金比例，白银比例下的作品更为端正，也更有平衡感。格栅线条更加硬朗平直，呈现出正气凛然的气派；格栅细节更加丰富，钻石般的水滴造型打造出更形象的"飞瀑落九天"之势。H9前旗标的设计灵感来自北京的中轴龙脉线，整车豪华气魄也是由它的中轴贯穿而成。意在物外是红旗设计团队想传递给用户的惊喜，其实方圆之间的协调除上述显性的设计外，还包括了型面的圆润与比例的周正。设计团队很好地通过中和之道将这两点融会贯通于设计的更深层次，让用户在细品之中回味无穷。

图5-57　一汽红旗S9

2019年9月，红旗S9在法兰克福车展首次面世。它是汽车造型设计动态美理念的优秀体现，表现为夸张与大胆、激情与时尚并存的风格。作为红旗品牌S系列第一款跑车，散发出强烈的东方韵味，如图5-57所示。

整车拥有精准的比例与质感线条，将碳纤维材质与绿色车身完美结合。车头的科技感与 LED 大灯巧妙搭配，带来强烈的科技震撼与视觉冲击；流畅的侧围线条将空气动力学方案融入其中，整体造型给人一种俯冲气势，运动感十足；轮毂外部环绕体现中国元素的五角星设计，搭配全新设计的车标尽显中国气象；尾部的后扰流板如同展翅飞翔的鹰隼，超大的双层尾翼设计，为车身提供了强大的下压力；尾灯设计个性十足，巧妙贴合在车身尾部；而下挡风板设计尽显时尚元素，又极大地减轻了风阻。这种动态美的造型设计理念，使红旗 S9 的外观展现出中国品牌、中国设计的新高度。

随着自主创新能力的增强，中国其他本土品牌也开始注重中国元素在汽车设计语言上的运用，以及其与时尚前卫造型的融合，强调一种归属感和文化的传播，逐渐形成了中国自己独特的汽车风格。例如，2001 年奇瑞汽车有限公司自主开发的奇瑞轿车正式上市。奇瑞 QQ 是国内第一款为年轻人打造的汽车，看到它的第一眼，迎面而来的就是一双圆圆的含笑眼睛，前格栅是一张含笑的小嘴巴，憨厚的笑意溢于唇边，再配以小巧玲珑的标志，一张快乐的笑脸迎面而来，一种快乐的感觉扑面而至。前保险杠以大包围方式设计，前雾灯、转向灯上下分布在两侧，与设计成半圆的扰流板和前标共同构成一种小小的憨厚表情，方圆相济的防撞条、后视镜、门把手，一切都显得那么个性十足、动感快乐。再如奇瑞 A3，无论从功能上还是造型上，都能满足实用和美观等多种需求。其外观时尚、动感，整体设计和谐，贯穿全身的挑高腰线，使得整车极具运动感；后门把手设计别具一格，让人惊奇不已，其位置的设计与众不同，细节上很有新意但不突兀，依旧展现了中华民族那种平和的气质，如图 5-58 所示。

图 5-58　奇瑞 QQ、奇瑞 A3

2008 年，吉利熊猫上市。这款车的造型运用时尚的"工程仿生"设计手法，融入了国宝"大熊猫"的元素，采用四门设计。吉利熊猫的前脸采用大嘴式设计，整体给人一种非常可爱、开心的感觉，仿佛在呈现一种欢迎的姿态，与 2008 年北京奥运会的口号"北京欢迎你"不谋而合。整车造型非常圆润，前大灯组被黑边包围，酷似熊猫的黑眼圈；尾灯则是将大熊猫脚印巧妙地设计成一大四小的五个灯组，构成"熊猫"的尾灯造型，如图 5-59 所示。

图5-59　吉利熊猫

2008 上海大众推出桑塔纳哪吒概念车，整车浓郁的中华民族特色无疑是本土化汽车造型实践中最为显著的亮点。整车以"中国红"为主色，首先你会注意到它的一对炯炯有神像丹凤眼一样的前灯，"丹凤眼"不仅可以在关公的画像上看到，而且在中国古典著作《红楼梦》中"凤辣子"王熙凤的脸上也能找到其缩影。除了造型它还组合了远光灯、近光灯、转向灯等诸多功能；牌照板采用中国传统牌匾造型，配以毛笔书写的活泼英文字体，新颖夺目。整车在汽车造型的设计中实现了一种平衡，达到了一种夸张与内敛的统一，如图 5-60 所示。

图5-60　桑塔纳哪吒概念车

在中国市场的众多汽车品牌中，进口品牌车几乎占据了大半个中国汽车市场，国产品牌的市场实力不免有些薄弱。不过，一些中国自主创立的民族品牌也逐渐形成了气候。例如吉利、比亚迪、奇瑞、长城等汽车，在不断的探索和创新中打造了自主品牌，树立了良好的形象，并起到了一定的引导作用，同时在国际上的发展也呈良好态势，如图 5-61 所示。目前，国内汽车品牌不断努力创新，得到了更多消费群体的认可，并逐渐在国内外汽车市场打开了局面，向世界展示着中国汽车的魅力；同时中国也紧跟时代的步伐和实际市场需求，推出了多款新能源车型，如图 5-62 所示。

图 5-61　比亚迪 S3、奇瑞 E2

随着中国汽车的产销量跃居全球第一，汽车已经走进千家万户。面对激烈的国际市场竞争，创造有中国特色的汽车造型设计品牌，是设计师义不容辞的责任。在汽车与我们的生活日益密切的今天，对中华民族自豪感的渴望和期望也在汽车消费市场表现的愈发明显。中国设计师一直在不懈地努力与探索，挖掘和传承中国元素，时刻关注科技前沿，力求创新与突破，设计出能够承载中华民族特色和文化内涵并受到广泛认同的汽车产品。

图 5-62　长城 C70 新能源、中华 H230 新能源

5.3　汽车设计美学的地域特征

汽车设计的审美取向在不同地域体现出不同的特征，深受不同地域环境、地域文化和地域社会经济发展状况的影响和制约。不同地域的民族文化都有着许许多多相异的地域特色，展示着各自民族的人文品格与地域风情。特定的地理环境、气候条件、风土人情、文化积淀和经济发展状况及形态的影响下形成了汽车设计美学的地域特征。本节将分析汽车设计美学

风格所体现出的地域特征以及地理环境、地域人文、地域审美、地域经济等地域要素对于汽车设计风格的影响。

（1）地理条件决定汽车造型风格，影响了消费者对车型的喜好。地理条件包括地理环境和地域环境。地理环境是指人类赖以生活的自然环境，包括地形、地貌、气候、土壤、生物、水文、自然资源等，它是人类生产和生活的物质基础，也与文化的形成和发展有着不可分割的关系。在汽车造型设计前期，准确的地理环境信息尤为重要。地域环境主要包括地域的路面条件、人口密集度、自然资源、空气环境、国家政策等，它决定着汽车设计的风格趋势。

（2）地域人文是一个地方的灵魂，影响了当地人们对汽车造型的认可度，汽车在这个地域是否有市场，就看汽车传达的设计理念和设计风格是否能与当地文化相互融合，与消费者产生共鸣。

（3）地域审美是该地域人们共同的审美倾向，能够影响当地人们对汽车线条、块面、体积、颜色材料以及整体造型风格的喜好与认同，汽车的造型设计风格必须满足人们的审美诉求。

（4）地域经济是引领汽车生产制造和市场需求的风向标。经济发展的差异导致人们对于汽车功能性、美观性、实用性的要求大相径庭，因此与当地汽车造型的发展密切相关。透过形态各异的汽车造型你将看到的是千差万别的地域特色，二者之间相互渗透，相互影响。

5.3.1 地域差异对审美及造物的影响

不同地域环境会孕育出不同的地域文化，而差异性的文化，正是孕育其美学思想，塑造其审美情怀的根源。而这种审美的差异也相应体现在设计造物中。德国车的稳重安全，日本车的精巧实用，美国车的粗犷豪放，法国车的浪漫洒脱，以及中国车的庄重平和，都是地域文化差异性的体现。在不同的山、水、土壤、气候条件下形成了不同的种植、牧养以及特定的生活习惯，产生了不同的语言、习俗和文化特色。正所谓一方水土养育一方人，一方人有一方情，不同的地域差异造就了不同的差异性审美文化，形成了审美意识的多元化、差异化和开放化的发展态势。不同地域文化中的美学思想各有自己的审美精神、审美模式以及审美诉求。甚至一个国家内不同地域的人们审美的差异也是大相径庭，对于汽车产品造型的喜好也随之千差万别。

以中国为例，这里地域辽阔，民族众多，四周都有天然限隔，内部构成了体系完整的地理单元，这种独特地理单元的构成对于中华文化的形成也有着重大影响。我国东西南北间跨度都很大，地形地势非常复杂多变，自然地理等方面相差悬殊，人们的生活习惯、风俗等自然也就有了重大差异。而习俗间的差异必然造成文化差异，进而引发其审美意趣与美学思想的差异。从地理气候环境上看，南北方的气候截然不同，造就了南北方人不同的性格特征及其审美差异。具体来讲，由于南方气候温暖湿润，被各种植物、花卉包围，四季如春。这种适宜的气候，酿就了南方人沉稳安详、感情细腻的习性。南方人在审美习惯上，通常青睐冷色调与中色系。例如，纯度较低、明度较高的蓝色、绿色的服饰、家具、装潢；在造物形态上，偏重选择亲和力较强的弧线、曲面圆润、和顺光滑的圆角构成的建筑、汽车、家电等产品。而北方气候寒冷干燥、四季分明，相对来讲环境中的视觉色彩没有南方那样鲜明。因此长期生活在北方的人们多形成了心地善良、纯朴无华、粗犷豪迈的个性。北方人的审美习惯，常常喜欢冲击力较强的暖色调颜色。例如，纯度较高、明度较低的黄色、橙色、红色的服饰、家具、装潢等。在造物形态上，北方人倾向棱角分明、直线挺拔、刚健有力的建筑、汽车、家电等产品。形成以上差异的原因，并不是南、北方人的大脑结构或遗传因素的差别，而是生活的地域环境不同造成的。可见，地域环境中的气候条件，对人们的设计造物理念和审美活动影响很大，这些审美上的差异又会进一步影响到消费的习惯、偏好及消费行为的选择。我国南方某大城市，是经济发达的重要城市，也是国内外文化信息交流的重要平台，被称之为时尚之都。由于地域文化的领先地位，让当地居民有很强的优越感，所以他们基本选择本地合资车，大众或通用；南方某沿海城市，作为改革开放的先锋，深受外来文化的冲击和熏陶。当地人购车深信品牌，并喜欢选用进口汽车，因此雅阁和凯美瑞一炮而红。而北方某大城市，是国家政治、经济、文化中心，具有很强的包容性。虽然地域环境优越，但在汽车消费上没有"地方主义"的特色，无论是自主品牌还是合资品牌，无论是大众的夏利还是高端的奥迪，只要有口碑，都卖得很火。可见城市的地域环境和人文特征深刻地影响着当地居民的消费观念。

5.3.2　地域差异对汽车造型和市场消费的影响

（1）地域环境中地形和地面条件对汽车车型需求的影响是显而易见的，不同地面条件下人们对汽车的需求有着本质上的差别，也因此人们设计了造型迥异、不同性能的车型以满足不同的需要。如跑车整体动感前卫，底盘较低，贴地性和重心较低，速度较快，适合在地广人稀的地域飞驰。而越野车粗狂强硬，底盘较高、拥有较大的离去角和强大的马力，适合在多种复杂艰险的路面行驶，如图 5-63 所示。因此，不同地域环境下的人，会更加倾向于根据自身所处地域的环境特征，作为选择购买车型的首要参考因素，进而形成独特的地域消费倾向。

图5-63 跑车、越野车

（2）地域文化包含了生活哲学、社会情感以及区域制度等人文因素，生活在不同地域的人们在生活习惯、思维方式、审美喜好等方面有着显著的差别。这些差别反映在汽车领域，就是人们对汽车造型认知和接受程度的差别，即对汽车造型的认可度，以及对汽车设计风格的喜好的差别。如在美国和加拿大最受欢迎的车型是皮卡，甚至已经形成一种独特的"皮卡文化"。德国最受欢迎的是旅行车，因为对于德国人来说汽车并不是炫富的工具，更多的是从实用的角度选择车型。旅行车有更大的行李厢空间，更经济环保，而且还有更好的高速稳定性。例如，大众旗下的 Golf 旅行轿车，造型并不突出，但因其性能符合德国人的需求一直高居德国的汽车销量榜首，如图 5-64 所示。日本最受欢迎的是环保节能的新能源汽车，这主要归功于国民环保意识——无论在公共场所还是在家庭中，垃圾进行分类后才丢弃，在这种社会文化氛围下，消费者会首先选择相对环保节能的汽车产品。随着石油价格的高涨，在这种情况下不易受到石油价格影响的新能源车在日本国内备受瞩目，并走上了普及的道路。丰田公司在 1997 年推出世界上首台混合动力车"普锐斯"，之后陆续推出了多款新能源车型并大受欢迎。中国最受欢迎的是大车身汽车，因为在中国人眼中那是一种地位的象征。中国人对于"大"有着一种执着，钟爱大空间、大排场，甚至对于进气格栅也偏爱较大的。同时中国的经济处于上升阶段，消费者重视的是自我主张，在意的是个性的张扬，暂时对实用性的要求相对较低。如哈弗在国内发展迅速且推出车型较多，其最显著的特点就是汽车整体车型较大，前后保险杠突出，体态稳重，霸气十足，十分符合中国消费者的审美观念，如图5-65所示。

图5-64　福特F系列（皮卡）、Golf旅行轿车

图5-65　哈弗H6、哈弗H9

（3）不同地域社会经济发展差异决定了汽车消费水平以及相应的市场需求的差异，这与当地汽车流行风格甚至和当地人的审美层次密切相关。例如，经济发展较差的地域，其整体对于汽车本身的需求相对较少，普遍更加注重汽车产品的经济性和实用性，而对汽车外形特点重视程度较弱；而经济较为发达的地区，其生活水平相对较高，对汽车的需求量较大，对于汽车外形和品牌的追求程度更强。其中能源的丰裕度也会影响人们对于汽车消费的侧重点，以及整体汽车产品设计的趋势。因此，汽车设计尤其要有针对性地处理好汽车的设计地域与销售地域的关系，唯有如此，推出的汽车产品才能被不同地域的消费者认同，收获更好的市场回报。

5.3.3　不同地域形成的汽车消费取向

如今的汽车设计领域，产品的地域性差异十分显著，不同国家的汽车都体现出强烈鲜明的民族特性和地域风情，当今世界汽车领域根据产品特色、地域环境以及消费喜好划分形成美、欧、日三大车系，每个系别的汽车都有着相应的地域文化特色。随着各大汽车厂商之间的兼并和重组，传统意义上三大系别的汽车厂商之间相互合作，互相融合，互相渗透，车型之间的相似性也越来越多。但是即使将汽车外形改头换面以迎合目标地域市场的需求后，也难以掩盖其血液中流淌的本质特色，以及本土人民对于车型的喜好永远不会同化，都有着自己的坚持，这就是汽车品牌与地域文化间难以割舍的情怀。下面主要列举几个有代表性的地域国家来具体分析其汽车购买的取向。

（1）美国地域广阔，路面条件好，高速公路四通八达，可谓地广人稀。人们的生活离不开汽车，长途驾车已成为一件很平常的事。因此美国车的设计风格也普遍是功率大、加速性能好、造型刚劲挺拔。美国人偏向于选择驾驶舒适、车身宽大、造型运动感强的汽车。皮卡的特点就是体型大、速度快，排量大而耗油，虽然新技术的应用不多，但实用性较强，由于车斗敞开，所以装卸货物十分便利，能满足美国人往返于城市和乡村之间、拉人、载货、出游的各种切实需求。因此，皮卡在美国相对于其他国家会更受欢迎，它既有轿车的舒适性，又能够载货，适应路况能力也强，迎合了美国人那种粗犷不羁、喜爱户外生活的性格。福特 F-150 是一款比较经典的皮卡，高居美国的十大畅销车榜首，连续多年获得美国最佳汽车称号。F-150 的车架由高强度钢冲压而成，车身的耐用性、安全性、实用性都是首屈一指的。CANYON Denali 是中型皮卡中最豪华的车型。前脸是一贯的 GMC 家族式设计，进气格栅采用镀铬装饰，前保险杠造型更加硬朗，突出的后保险杠设计显得十分粗犷，载货空间充足，整体造型霸气十足，如图 5-66 所示。历史悠久的福特野马汽车发展到今天，一代代更新，但依旧保持其肌肉线条，粗糙、简单、直接、充满激情。其大功率，动力加速性能，实际操纵性令人叹为观止，它体现的粗犷豪放的态度正是美国人所崇尚的，如图 5-67 所示。

图 5-66　福特 F-150、CANYON Denali

图5-67　第一代至第六代福特野马

（2）欧洲大陆属丘陵地貌，阿尔卑斯山脉贯穿欧洲大陆，整体属于平原少、丘陵地带多的地形。因此，与日本车和美国车相比，欧洲车在安全性和机械系统的精良程度上技高一筹。欧洲车的设计十分注重汽车的操纵性能，普遍底盘扎实、悬挂系统好、制造精细。欧洲人购车时会更加青睐于实用而超凡的车型，含蓄、典雅、高贵而不奢侈正是他们追求的文化内涵。又由于欧洲道路相对较窄，同时欧洲的油价相较于其他国家更贵，所以节能省油的小型车在欧洲的销量居高不下，轿车和旅行车车型相对于SUV来说在欧洲也更加受欢迎，如图5-68所示。在欧洲风格的总体基础上，不同国家也有自身的地域特色，例如，意大利位于欧洲南部，属于亚热带气候。它有白雪皑皑的阿尔卑斯山，漫长的海岸线，有蜘蛛网似的四通八达的公路，有无数的飞机场、港口和码头。这样风景秀美，气候宜人，交通便利的地域环境造就了意大利人浪漫洒脱的艺术情怀，也让其汽车设计更加无拘无束，以豪放、性感、洒脱引领汽车界的时尚与潮流。然而以跑车文明的意大利却不像人们想象那样热衷于造型前卫的豪车，而是更偏爱小型车，这是因为意大利拥有全球最多的历史文化遗产，城市的规划比欧洲其他国家还要困难，很多街道包括周边建筑基本都是历史文物，非常狭窄又无法变更。现实的地理环境使得意大利人在购买时更加倾向方便实用的小型车，在街道上小型车已然司空见惯，甚至有的连小型车都不选择而是选择更加适合自身出行的摩托车，如图 5-69 所示。

图 5-68　欧洲受欢迎的车型

图 5-69　意大利欢迎车型、女士摩托车

（3）日本国土狭窄，人口密集，且人们多集中于城市，留给汽车行驶的空间十分有限，因此长时间或者高速驾驶的可能性较小，所以日本车更注重精巧务实。在购车时日本人崇尚轻巧美观、装饰细腻、经济实用的汽车。又由于日本孤悬大洋、地域狭窄、资源匮乏，养成了日本人在生活中精打细算的社会风气，做事讲究效率，力求消耗最少的资源，因此与同等价格的美国车甚至欧洲车相比，日本车的综合性能都要更加出色。日本的岛国环境更激发了他们走向以发展求生存的道路，因此日本车紧跟时代和潮流设计，造型新颖，注重人性化，同时体现了东方人的精微细腻，而且车型更新换代周期短。也正是由于其资源短缺，让他们更青睐于节能环保型及运用轻型材料的汽车，这也让注重节能环保的日本车在当今的国际市场上更有优势。地域环境以及社会风气决定了 K-car 在日本非常受欢迎，在日本人心目中有着特殊的情结，一直占有日本市场超过三分之一的保有量。K-car 是日本政府根据国情制定的一种汽车分类，几乎涵盖了所有的常规车型，只要满足标准所规定的尺寸、排量和最大功率等要求的车都可以称为 K-car。K-car 可谓麻雀虽小五脏俱全，内部空间利用率高，灵活方便，内外做工依旧精致细腻，部分高配的车型配置十分齐全，各种先进

技术都会运用其中。因为对车型的发动机排量和动力有限定，K-car 的动力一般不会太强。但由于日本的街道通常十分狭窄，普通的三厢车很难通行或者没有地方停放，而 k-car 小巧的身材刚好可以克服这些问题，加上小排量的燃油经济性和日本人的环保意识，节能环保、价格亲民的 K-car 在汽车市场脱颖而出。铃木一直是 K-car 界的霸主，品牌下的 K-car 车型不仅类型丰富，性价比高，而且销量也一直位居前列。而偏爱油电混合车型的日本人，日系 Toyota 旗下的 Prius 便顺理成章成为当前最受欢迎的 K-car 车型，如图 5-70 所示。

图 5-70　铃木 K-Car 跑车卡布奇诺 0.7、铃木吉姆尼、铃木英格尼斯、Toyota Prius

（4）中国是世界上人口最多的国家，目前中国汽车市场已经是全球最大的单体汽车市场。中国疆土辽阔，但中国现在的城市化、城镇化进程较快，人口密集度大且都集中在市区内。而城市、城镇甚至乡镇都是柏油路面，路况较为平坦，但拥堵情况严重，因此像越野车、皮卡等可以适应艰险路况的车型以及速度型跑车车型无法发挥其优势，并不符合人们的实际需求。中国作为发展中国家，经济发展处于上升期，人们并非都很富裕，地区间的经济差别非常明显，中小城市的人均收入及购买力相对较低。这些城市的人买车仅仅是作为工作挣钱的代步工具，经济实用成为了首要因素，这就引发了微型面包车的产生，就是我们俗称的"小面包"。这种车型在中小城市有着广阔的市场，主要车型一般都是中国制造。微型面包车外形以长方体为主，属于单厢式结构，和轿车不同的是没有突出的行李舱和发动机舱，相应座椅就更多，空间也更大。微型面包车主要有四种类型，7座型最为普遍，还有 9 座型、11 座型和商务型，它可以载人也可以拉货。其内饰十分粗糙，驾驶或乘坐的舒适性较差，速度和操控性也不尽如人意。

但其空间利用率高，且购买成本较低，维修保养费用低廉，种类较多，可谓经济实用，在很多行业中都能广泛应用，因此深受人们喜爱。像五菱、长安、金杯、东风等自主品牌在微型面包车领域迅猛发展，销量可观且根据市场需求不断推陈出新。例如，五菱宏光面包车在中国曾创下年销售 70 万台的纪录，如图 5-71 所示。

图 5-71 五菱荣光、五菱宏光

基于中国的国民消费水平，轻客和 MPV 在中国汽车产品中也比较普遍。轻客比较特殊，是指包含驾驶座、副驾驶座及 9 个以上乘员座位的客车，其中乘员座位有多种组合，至少 4 排，其作用有些接近客车，主要用于运送较多乘客或货物。此外，它还有一种用途就是可以改装成房车，对于想买房车但经济条件并不特别宽裕的家庭来讲，改装无疑是最好的选择。MPV 即多用途车，可用于中短途商务旅行、职工交通车等，最主要还是针对家庭用户，在中国市场前景可观。它一般为两厢式结构，集旅行车的宽大乘员空间、轿车的舒适性和厢式货车的功能于一身，内部结构有很大的灵活性。近年来 SUV 车型在中国的受欢迎程度急剧上升，国人对其集大空间、实用和美观为一体的特点十分青睐，而且中国经济飞速发展，人们不再把汽车当作奢侈品，而是一种类似于手机、电脑一样的必需品，因此该种车型在中国的汽车市场所占比例及销售量的增长趋势成直线上升。从车型分析，当下的 SUV 设计给消费者提供了极大的便利性，并且其大气的体形也符合中国人追求大气的喜好；从使用角度来说 SUV 车型开阔、视野高，车身底盘高，装载物品方便，内部空间高，而对于女士而言，停车更加容易，从多方面满足了中国市场消费者的需求。如今，在中国汽车市场，几乎所有的汽车品牌都开发了自己的 SUV 车型，连奔驰和林肯等品牌也因看重中国的 SUV 市场而推出了多种 SUV 车型，如图 5-72 所示。

图5-72　比亚迪M6（MPV）、
传祺GS4（SUV）、奔驰GLC、
林肯MKC

（5）澳大利亚是全球土地面积第六大的国家，人口却只有2250万。但是据统计2012年澳大利亚的汽车销售量超过100万辆，这正是因为澳大利亚物产丰富、经济发达。澳大利亚人均收入和购买力非常高，同时对车辆的品质要求也非常高，尤其是车辆配置方面。也由于地域政策优越，澳大利亚进口关税只有5%，因此全球各大汽车厂家都把目标瞄准了澳大利亚市场，所以除了澳大利亚的自主汽车品牌霍顿生产的轿车和皮卡外，其他车型全部为进口汽车。在街道上，可以看到欧美任何品牌、任何年代的车型，并且很难看到两辆一模一样的。澳大利亚在道路建设方面非常尊重自然，道路随着丘陵跌宕起伏，并不大面积改动其自然形态，除了几条高速主干道交汇处采用立交桥以外，其他都采用十字路口平面交通。由于经济发达、物质丰富、地形辽阔，以及多元的文化背景，人们有着自然、轻松、随意的生活态度和更为随意的购车喜好，没有固定倾向。

以上列举与剖析的不同国家汽车设计风格和市场消费特色的实例，充分说明了国内外不同地域文化已经促成了地域消费的差异，地域的环境条件几乎会决定人们对车型的喜好和消费趋势。所以汽车造型设计需要有针对性，不但要满足汽车在该地域的功能性需求，而且要使该地域的人产生强烈的地域认同感。世界各地不同地域下的人们的生活方式、生活习惯以及自然风光、建筑物、农作物背景色彩等大不相同，因此针对某一地域设计的车型要符合地域色彩审美，与地域经济、文化特点及人们的喜爱相协调，做到适应地域环境、符合地域审美和彰显地域文化。想要在某一地域打开市场并有长久的发展，车型的设计风格必须随着地域环境的变化而改变，同一车型在不同地域也要作适应性调整，以满足人们对汽车的功能性和审美性需求。例如在 20 世纪 90 年代，大多数中国消费者更愿意购买三厢的汽车，这是因为中国人以长为美，认为长款汽车更能体现排场和地位，甚至部分地区把两厢车戏称为"无后车"，在中国传统文化中，"无后"是一件天大的事，所以两厢汽车要想进入中国市场，不得不做出改变。很多国外成熟的两厢车在进入中国市场时，为了迎合国人口味只得加上车尾变为三厢汽车，如标致 307、雪铁龙世嘉等。无数的实例告诉我们汽车界的文化很多元，不了解当地的审美文化，不适应当地市场消费需求，就很难有立足之地。

5.3.4　适应国际市场需求的设计变革

1. 汽车行业放眼国际市场

如今全球化的进程已经达到空前的高度，各国进出口市场逐步走向多元化。全球各个行业产业结构调整步伐加快，面对新一轮国际产业转移带来的机遇与挑战，各国产业国际竞争越发激烈。因此各国的汽车行业要想有长足的发展，不能仅仅局限于本土的设计与销售上，必须具有全球战略眼光，找准方向后不断改进创新，才能在激烈的汽车市场竞争中立于不败之地。造型设计作为与消费者直接接触的界面，不但能最直接决定消费者的喜欢与否，还能影响汽车品牌的形象以及市场竞争实力。因此，设计出结合新技术、新趋势、新需求的汽车造型，是各大汽车品牌宣传形象、提升销量、增强竞争力的最为有效的手段，各个国家汽车产业及品牌都在不断的改革，努力推陈出新，以谋求更多的市场份额。

2. 各国车型针对国际市场做出了战略性转变

（1）德国车看中国际市场年轻化的需求，不断推陈出新，在保留各自品牌原有技术特征以及设计理念的基础上，大胆地对原有的稳重低调进行了颠覆，更加注重科技创新，向更为科技化、时尚化和年轻化方向发展，做到了与时俱进。例如，随着 SUV 车型的销量稳步上升，宝马推出了全新宝马 X4 系列运动旅行车，将 SUV 和跑车结合得十分彻底，在腰线位置将车一分为二，前部为典型的跑车造型，后部为 SUV 形态，它兼具大空间的实用性，又有跑车的优雅、动感，其内饰细节也更时尚年轻，如图 5-73 所示。再如奔驰新一代 CLS 也是更加追求时尚动感的设计趋势，更为年轻化。它采用了最新家族式设计语言，前进气格栅采用了奔驰家族最新的钻石式中网设计，大灯组加入了"倒 L 型"的 LED 日间行车灯，提升了前脸的辨识度。另外，新车延续了历代车型溜背式造型，车身更加低矮，侧面整体视觉效果低矮修长。尾部造型较为简洁，尾灯采用楔型设计，线条十分流畅自然，使整车看起来更为时尚动感，如图 5-74 所示。

图 5-73　宝马 X4　　　　图 5-74　奔驰新一代 CLS(梅赛德斯 -AMG CLS 63 S 4MATIC)

（2）日本属于汽车界的后起之秀，但日本本国市场容量小，为了跟随汽车产业的发展趋势不断扩大市场，20 世纪 60 年代末期日本汽车就已经谋划以出口海外为主的国际化发展道路。提到日本汽车不得不提到的就是丰田汽车，这个品牌在迈向国际化的进程中做得非常好，虽然不算豪华品牌出身，但在国际市场的影响力却越来越大。因为它更善于关注国际发展趋势，把握阶段性的市场实际需求，有地域针对性地进行汽车设计。例如，针对俄罗斯市场的需求，丰田推出兰德酷路泽俄罗斯特别版，该车前大灯平整方正，并采用了黑色外壳，酷似人眼，进气格栅的镀铬条也有黑色装饰，内部为真皮内饰并配以木质和银色饰条。整体线条硬朗、大气，更加符合俄罗斯人的审美，如图 5-75 所示。

图 5-75　丰田兰德酷路泽、丰田兰德酷路泽俄罗斯特别版

同时丰田也不忘紧跟时代步伐，在这个张扬的时代，丰田汽车造型也朝更加独具个性、时尚前卫的方向发展。并且日本在新能源车型的探索和推出的道路上从未停下过脚步，而国际汽车市场又逐渐向新能源方向转移重心，因此，日本车系除了在造型上变得更加前卫以外，在能源动力方面也是下足了功夫。例如，丰田普锐斯，属于混合动力车型，目前已经推出了第三代产品，并且新车所采用的插电式混合动力系统是一大技术亮点。它的造型也有改进，如车灯打破以往圆润规则的轮廓，大灯变得更加锋

利，以多个不规则的三角形进行组合，使极似眼睛的车灯不再圆润而是狭长，更多了一份凌厉。尾灯轮廓不仅仅局限在车尾，而是一直延伸到侧面，十分犀利，也很新颖。车身侧面多条规矩笔直的棱线也与前后的不规则的线条形成了反差，让人耳目一新，很具有未来感。从旗下的皇冠也能看出丰田品牌的新风格，例如，第14代皇冠外形采用了新的大嘴式前脸设计，前后灯造型扁平犀利，车身侧面线条更加张扬，更具层次感，整体突出了年轻动感，如图5-76所示。

图5-76　丰田普锐斯、丰田第14代皇冠

（3）美国车在国际市场局势下也不再是简单大气的线条，而是在汽车造型设计上逐渐朝着更符合潮流、更加年轻的方向转变，更加现代化。例如，福特野马的造型在原有设计理念的基础上，增添了许多现代化的元素。依旧不变的是其一贯的梯形进气格栅，还有三条直立式的尾灯。车身线条富有肌肉的动感，层次分明，侧面颇具立体感，给人要一跃而出的感受，但并没有脱离野马一贯的硬朗线条，整体外形看上去少了一分粗野，却更加时尚动感。同时，美国汽车考虑到中国市场的广阔前景，为了更好地适应中国市场，迎合中国消费者的审美倾向，通用汽车旗下的豪华品牌凯迪拉克宣称将改变棱角过于分明的外形，用柔和的线条替代其锋利、硬朗的线条，转而采用"中庸"的外观设计，更体现大气稳重，以谋求在中国甚至国际市场打开新局面，如图5-77所示。

图5-77　福特野马、凯斯拉克ATS

（4）中国虽然现在还不算汽车强国，但自从进入 21 世纪以来，随着经济的发展和相关政策的大力支持，汽车产业逐渐走向成熟。目前，中国的一些本土汽车品牌针对市场需要，不断调整改进，紧跟国际潮流，汽车造型也朝着更加前卫，年轻的方向发展。其中吉利这个自主品牌就将自己置身于世界汽车浪潮中，放眼世界，看准需求，不断突破，逐渐在国际上打出一片天地。其造型趋势是改变中国车传统的中庸平和，朝更加新颖时尚和运动化的方向迈进，同时把握结合了互联网元素，推出更加智能化的车型以及新能源热点车型来吸引更多的消费人群。如，吉利帝豪 EC7 在造型方面，其前脸镀铬饰条的熏黑式进气格栅，更富有立体感。内饰方面，简洁时尚，并且其中的钢琴烤漆和镀铬装饰提升了车的高贵感，上深下浅的内饰体现了整体精致有型，更显年轻化的气息，时尚动感的造型更符合年轻消费者的口味。充满力量感的肌肉线条，简约动感的设计风格，正是当下的主流，符合国际市场需要。吉利帝豪 Cross 在 EC7 基础上造型方面变化不大，配置方面采用了深度混联式混合动力系统，能够实现纯电行驶、混动行驶、快速启停、制动能量回收等，如图 5-78 所示。再如最新款吉利博越，外观方面有涟漪式中网、云纹装饰，设计风格亦刚亦柔，既有 SUV 的硬朗大气线条，又有饱含中国元素的细节装饰。腰线线条和悬浮式的车顶设计则是当下十分流行的设计手法。前保险杠两侧的雾灯位置采用了更具张力的运动风格套件，此外轮毂的造型也变得更加个性张扬，让新款博越显得更年轻、更有朝气，可以说在细节方面的调整让改款车型更加适合年轻的消费者群体。车内搭载了吉利自主开发的 GKUI 吉客智能车载系统，智能语音控制系统，如降下车窗、调低音量等都是可以语音操控。同时它与移动互联网的衔接（内置 4G 高速网络）令该车显得更为智能化。吉利通过该车展现出其对国际市场趋势的理解，并诠释了未来的发展方向，如图 5-79 所示。

图 5-78　吉利帝豪 EC7、吉利帝豪 Cross

图5-79　吉利博越2018款

（5）纵观国际市场，消费者更趋向于年轻化，因此汽车造型的动感时尚、年轻有活力成为了必要因素。同时随着消费者对于汽车的需要日益个性化与多元化，人们可以从国内外最新最潮的车型中看出，无论是即将走进我们生活的量产车，还是处于观赏或试验阶段的概念车，都显示出个性化的潮流。汽车产品不再是一堆机械装置，而是更深层次的情感纽带，随着科技和移动互联网的高速发展，让汽车越来越"懂你"成为了可能。如今汽车行业迎来了一个创新发展的大数据时代，汽车行业未来的发展方向和模式开始有了实质性的变化。尤其是尖端技术浪潮，不仅扩充着汽车的功能，同时也在赋予汽车新的属性，消费者购车方向发生结构性转变，使得汽车不再单纯的是一种出行工具，更逐渐成为一种全新的生活方式。科技的运用也会给新能源汽车带来新的可能，一直以来环境问题和能源问题始终是全世界人们所面临的难题，因此越来越多的新兴造车企业依托自身在大数据、物联网等方面的优势开始向汽车行业迈进，专攻新能源和智能化汽车市场。而互联网与汽车的逐渐融合正悄然改变着汽车产业发展的趋势，智能时代的到来正不断为汽车增添着新的含义。不论是传统汽车企业还是新兴的造车企业，都在将智能网联汽车、智慧出行方案，以及智能制造作为重点发展方向。透过大数据分析不难发现，人工智能、自动驾驶等互联网行业的科技创新使得汽车行业已迈入新的征程，几乎可以明确的是汽车智能化是未来大势所趋。

可以确定，个性化、低碳化、智能化将是未来汽车领域的主流，能够抓住抓准未来趋势是取得市场竞争优势的强有力的因素。新的技术、新的模式、新的需求、新的参与者，这一切都在改变着已有的汽车行业现状，更加迅速地推进汽车行业的转型升级、优胜劣汰。汽车企业要想有长足的发展，必须创造自主品牌，加强技术引进与吸收，不断调整企业战略，看准国际主流趋势，把握实时市场需求和动态，才能在越来越激烈的国际市场中占有一席之地。

第6章　新款车造型设计的实践流程

6.1　汽车造型设计

6.1.1　汽车造型设计的价值

汽车造型设计是科学与艺术的完美结合,既要满足严苛的功能要求又要符合大众的审美需求。汽车造型设计不是对汽车进行简单的美化装饰,它包含了加工工艺、材料成型、结构工程、人机工程学、电子技术等众多学科,是科学与美学和谐统一的典范。汽车造型设计是根据该车型整体设计的各方面要求进行整车内部和外部所有可见部分的形体塑造。目的是吸引和打动潜在顾客,使其产生购买欲望。汽车造型设计是直接影响接下来的整个生产流程和产品市场最终销量的关键,它不仅决定了该款车能否第一时间吸引客户,还与汽车企业发展的命运息息相关。不得不说汽车造型设计已经成为汽车产品市场竞争最有效的手段之一。如今,在基本车型市场已达到饱和的情况下,只有依赖车身造型的改进与创新才能打开销路。因此,车身造型的设计与研究已是国内外各大汽车公司的重中之重。

汽车的整车设计研发周期一般为 34 至 40 个月,其中造型设计周期大约在 12 至 15 个月左右。整车的造型设计过程是一个需要设计团队通力合作才能完成的任务,不可能仅依靠由大师级人物个人力量来实现,而需要大规模有组织的设计团队使用各种技术手段、支持方法来实现。此过程涉及造型设计师、模型设计师、CAS 数字化设计师、结构工程师、转换工程师、样车研制设计师等各方面的相互配合是团队合作的结晶。在汽车研发的整个周期中,造型设计所投入的人力、物力、成本相对来说较少,但它绝不是一个简单的设计程序,而是使创意变成汽车产品的先决条件,是增添产品魅力的主要手段,是设计师与品牌设计理念的直观体现。

6.1.2　汽车造型设计一般过程

汽车行业经过多年的探索已形成了一套符合产品特性和市场需要的设

计流程。随着科技的进步，各环节都在随时代的改变而调整，例如新技术
应用于设计辅助，已将原来完全依靠手工造型设计完成的由数字化技术取
代。同时由于设计思维、设计水平、设计理念的不同，各个国家、企业之
间造型设计流程中的侧重点也存在差异。但总的设计思路和流程变化不大，
主要包括：前期市场调研、设计定位、概念形成、草图风暴、效果图方案
讨论、计算机数字建模、实物立体油泥模型、工程及结构调整、样车试制、
修改验证及后期的批量化生产等过程。

6.2 产品设计前期准备

6.2.1 市场调研

新的汽车造型风格受时代、文化、艺术、审美观，以及生活方式影响
而变化。因此，在前期需要对所开发车型做详尽、周密的市场调研，有针
对性地规划造型方向及功能定位。造型设计的最终产品应是艺术品，在给
消费者美的享受的同时，传达设计师对美的理解，因此应充分考虑消费者
的审美需求，把握流行趋势甚至引领未来汽车造型的流行方向。由于产品
是面向大众并大批量生产的，以实现利润为目的，因而设计时要充分考虑
顾客的消费心理和生理感觉以及成本要求、工程要求、人机工程学要求、
空气动力学要求、生产工艺要求、模具加工要求等各方面因素。

前期调研手段主要包括对象访谈、电话调查、问卷调查、网络调研、
召开消费者座谈会、产销量及技术数据分析等。调研内容主要包含竞争车
型造型、目标客户群、价位成本、技术工艺手段、流行元素等方面。首先，
要进行市场现状调查，明确将来可能会形成竞争关系的其他企业的产品有
哪些？所要针对的主流客户群是哪些。其次要进行用户需求综合调查，掌
握用户的真实喜好，对所要开发的车型的现有市场数据、造型数据、技术
数据等一切相关资料进行大量收集，并进行统计分析，了解目标客户人群
对使用功能与审美的需求。最后进行流行趋势的分析研究，当然这就需要
广泛地了解流行趋势，不仅仅是汽车的流行发展趋势，还有相关产品的更
新状态，包括服饰的流行动态等。因为流行元素在众多领域都是互通的。
该调研结果能帮助设计师对即将进行的新车造型构思、风格以及功能定位
更好地把握，使其尽可能地吸引目标客户，从而有效提升新产品的竞争力。

6.2.2　设计资料储备

新款车型研发是多学科的集聚点，要想做好新车造型研发设计工作，必须收集、储备、积累相关资料和信息，为设计研发打好基础。一般包括：（1）研究法规、标准，收集和研读国家有关汽车行业的标准和法规，据之做好设计，使新车造型符合国家标准和法规要求。比如，汽车前围、后围、侧围、顶棚的尺寸限制、各种灯的设置、仪表板的布置、汽车号牌的位置等。（2）归纳整理资料可将收集到的汽车造型特征、形象、色彩、材质、工艺、装饰因素等信息，归纳为表格法或统计法中；将前期已完成的市场调查、可行性报告等资料，装订成册，作为下一步设计阶段的工作依据和参考资料。（3）借鉴国际潮流收集、研究国内外同类汽车造型资料。特别是最近推出的同类汽车的总布置设计图和造型控制尺寸等，作为设计新款车造型的对比与参照，并有针对性选择消化和利用，吸取各种汽车图形的形体、色彩和质感的优点，以供绘制各种草图及配色图时参考。

6.2.3　设计定位

近年来，在可持续发展理念的引导下，汽车设计正向超轻型化、小型化、新材料化、新能源化和生态化的方向发展，同时，又注意突出个性化、人性化、信息化等。在造型构思之前，需要根据市场调研结果对新款车总体设计方向有一定的规划。首先，要明确市场定位，如：A 级 /B 级、家用/ 公务、SUV/sedan/hatchback/wagon/MPV 等，以确定整体新款车造型的基调。其次，提出整车总体方案。对车身进行总布置设计，明确汽车性能指标、重量以及主要尺寸，并根据整车性能指标去规划各主要大部件的位置，如车厢及驾驶室、转动轴、发动机与离合器及变速器、底盘、前后悬架、制动系统、油箱等大部件的布置，以保证它们互相匹配，运转协调，使整车性能得到最好地发挥。同时，对驾乘人员的人机工程要求，底盘、车身、动力、安全等各方面因素进行综合考虑，拟定出控制尺寸参数，确定汽车的基本形状。主要包括乘客门、司机门、安全门、行李舱、地板高、侧窗数量及高度、内高、内宽和前后围、车顶、侧围的大致曲线和尺寸，以及前后风窗位置与角度等。基于诸多工程技术方面因素，造型设计师在进行设计定位时必须与工程人员进行沟通，以确保新款车设计的合理性和可行性在达成共识后设计师方能进行下一环节工作，如图 6-1 所示。

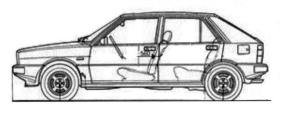

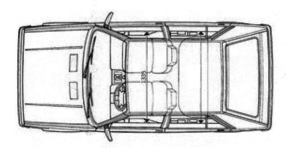

图6-1　汽车车身总布置图

6.3　二维创意设计

二维设计需要造型设计师根据前期设计定位，结合流行趋势进行创意构思。造型体现着每款车的不同个性，新颖的造型创意是关键因素，也是汽车产品吸引消费者的亮点所在。由于汽车整体的开发周期相对较长，即使现在技术的发展使很多过程被缩短甚至省略，但也至少需要两年左右，这就决定了新款车的造型设计需要在两年后的市场上仍具有竞争力，仍不过时并成为市场主流，这就需要设计师具备敏锐的观察力、判断力和对流行趋势的预测能力。

6.3.1　创意思维

在进行最初的创意设计时，常见的有两种创意思维方式：一是快进法，就是不受限制，放任思维的跳跃，随意去构思，大胆想象，激发新想法新创意，此时思维呈现出一种多样化模式；二是递进法，先提出一个大致的想法，然后参与设计的人员以这个想法为基础进行引申、反向思考等，以求在短时间内尽量想出丰富的方案和创意点。

6.3.2 草图绘制

草图设计是造型设计过程中创意产生发展的关键阶段，是打开设计思路的基本手段，是开展设计工作的重要开端。草图绘制是一个将创意发散再提炼的过程，是设计师与工程师的沟通基础，造型艺术与工程、制造技术相互联系的基础。草图是设计师记录和推敲创意的途径，往往会带着很多设计师的主观色彩，比较随意和放松，创意也往往是新颖别致的。草图最初一定是手绘的。虽然现在电脑技术很先进，但是手绘草图依旧是必不可少的环节，只有当手中的笔在纸上绘制出脑海中想要的曲线时，设计师才能更清楚地理解自己的设计初衷。草图设计的目的不是为了展示最终效果，而是展示设计创意，确定设计大方向。草图绘制时要求用概括的手法抓住产品的主要特征，以最少的线条来实现最佳的效果。最初的草图绘制不仅仅限于汽车，可以是任何有助于寻找创意灵感方向的绘画。接着将围绕一个设计主题绘出几十甚至上百张草图，只有经历这样的过程才能明确设计意图，找到满意的线条和形面。最后将对所有符合要求的汽车设计草图进行一次海选，只有被甄选出来的草图才会进入下一轮的更加详细、深入的草图绘制。

外形草图与内饰草图是汽车造型草图的两个分支，前者用来表达汽车外形的整车形态，后业用来表达汽车内饰设置的空间艺术效果。两者同等重要，是相互作用的一个有机整体，共同形成汽车内外统一的风格。外形草图构思的过程，是把比较模糊的、尚不具体的形象加以明确和具体化的过程。外形草图是将汽车构思形象，在纸面上形成三维空间形象的过程。它要求图形清晰、线型准确、立体感强，可以表现型体的各部分之间的组合关系，即产品的结构，而且正确地反映汽车各部分之间的比例关系、人机关系、装配操纵等关系等。内饰草图主要是勾画汽车内部的空间形态，如座椅的位置、驾驶员的操纵空间、仪表板的显示系统状况、驾驶员的视野范围等。内饰草图要求用简洁明快、线条流畅、结构准确，整体内室的艺术效果和空间效果表达明确，要从整体到局部，又要从局部到整体，协调统一，如图 6-2、图 6-3 所示。

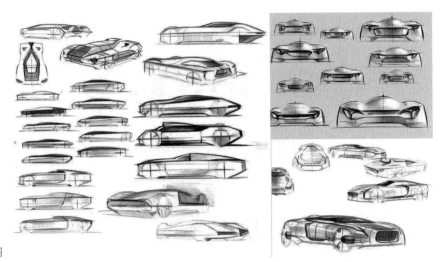

图6-2 汽车外形草图

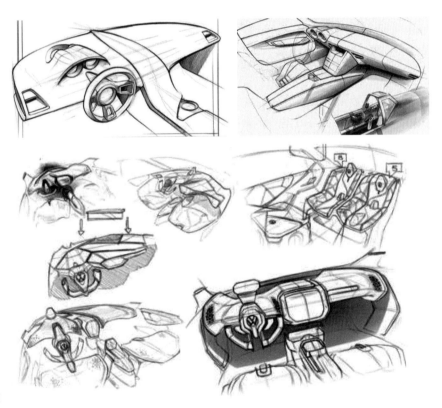

图6-3 汽车内饰草图

　　草图的表现方法多种多样，如彩铅、钢笔、油性笔、针管笔、马克笔、色粉和电脑辅助软件、数字化板等都可以单独或者综合使用来表现。其中手绘透视图的画法也有不同，相对主要的有三种：平行透视画法，45°透视画法，30°~60°透视画法，如图6-4所示。

图6-4　各种透视角度

6.3.3　效果图绘制

1. 效果图的作用

效果图是设计师与外界沟通的主要桥梁。通过造型效果图可以让参与汽车设计的相关人员很直观、明了地体会汽车的外形结构和整体风格。可以初步审视设计的优劣，同时效果图也是用来指导油泥模型、数字模型和做方案展示用途的重要工具；所以，需要有精准的效果展现。其中，对于比例、透视、色彩、材质等都需要有精确的表达。对诸如市场审美、价位成本、政策法规、材料工艺等因素也需要考虑周全。

2. 效果图的分类与绘制

效果图在汽车造型设计流程中起承上启下的作用，是设计师拟定方案、塑造模型的依据。效果图一般分为外饰、内饰和细节图，根据不同的需要进行分门别类的刻画。通常在草图绘制结束后会有一个内部的评审，选出几个具有代表性的造型方向进一步细化，绘制精细的正常比例效果图线稿，进行形体加工和光影刻画，绘制上色，体现质感并勾勒细节从而形成效果图。图上创意的主要特征需要保留，并将造型与工程结合，绘制出更加系统化、具象化、直观化的视图。要求造型完美、形象逼真，结构合理、比例均匀，色彩适宜、富于视感，工艺简洁、绘制精确。汽车造型的效果图是汽车制图与造型艺术完美的结合体，它图形清晰、立体感强，能全面表达汽车造型的总体效果，基本反映汽车各部分之间的尺寸比例、装配、操作和色质关系，给人以深刻的视觉印象。一般外饰效果图包括前 3\4 视图、后 3\4 视图、正侧视图、3\4TOP 视图，内饰效果图包括右侧 3\4 视图、左侧 3\4 视图，3\4TOP 视图，如图 6-5 至图 6-7 所示。

3. 效果图表现方式

效果图的表现技法多种多样，可以手绘也可以通过电脑软件直接或辅助绘制。例如用手绘结合 PS 等绘图软件来实现效果图渲染，相关表现方法近年来十分受追捧。手绘中较普遍的画法是马克笔、彩铅、色粉的结合使用。当然电脑软件的应用在很大程度上提高了设计的工作效率，很多设计师愿意通过电脑来完成这个步骤。由于电脑软件的优势明显逐渐成为效果图绘制的主要手段，例如在造型会议评审当中，电脑效果图能够很清晰明确地把造型内容呈现给评审人员，材质光影的表现也更为逼真，更为精细、准确，更具表现力。同时，电脑绘制操作方便，具备存储记忆功能，便于后期的修改、存储。从不同的角度去观察效果图，可以准确地判断造型的合理性。因此设计师一定要描绘出全方位多角度的效果图，有利于评审人员全面的审查方案。

图6-5　汽车外形手绘效果图

图6-6　汽车内饰手绘效果图

图6-7 电脑制作汽车内外饰效果图

6.4 三维造型设计展现

效果图虽然可以做得很逼真，但是很多细节却始终无法准确体现，而且效果图通常都是比较理想化的，具有一定的主观性。汽车车身结构的特点在于组成车身外形的各个零部件多为尺寸大而形状复杂的空间曲面，所以在效果图制作完成后，仍然需要一个可以从多种角度来审视设计形态、结构、色彩、材质等的三维模型，用来展示造型细节和进一步推敲。三维模型包括实体模型和数字模型两大类。实体模型分为：小比例油泥模型、全尺寸1：1油泥模型、树脂模型等。数字模型主要有前期的CAS模型和后期的A-class两种。这两大类三维模型之间不是冲突的关系，而是相辅相成。根据实体模型展示可以去确定数字模型设计方案并对其进行修改调试，同时也可以直接通过数字模型与加工机器对接，直接制作出油泥模型供后续数字模型修改、校验。

6.4.1 三维造型设计过程

实际工作中通常会先制作小比例油泥模型，轿车的小比例模型通常为1：4或者1：5。小比例模型要求曲线流畅、曲面广顺。制作小比例模型需要从各个角度去审视，反复推敲每一条线和每一个面。根据小比例模型曲线数据来制作更为精确的"胶带图"，通过推敲胶带图来完善汽车的曲面。在通过了造型会议评审工作之后再次制作1：1实车油泥模型去展现其外形与内饰设计。外部色彩与材料在这些模型中同步进行，并对车灯、轮毂等细节进行设计调试。内饰有很多细节部件的制作，如换挡手柄、按键、钥匙、手刹等的造型制作，这些部件是设计师根据内饰整体造型后重新设计的。有时为了增加模型整体的真实性，会将实车的轮胎配置在全尺寸油泥模型上，用以观看整体汽车造型的外观效果，最后确定造型方案后就可以与工程部门协同进行数字模型设计了。而一些较为有实力的设计公司会在草图、效果图结束后借助三维建模软件构建一个简单的数学模型，再提供给加工中心，通过数控铣床铣出一个油泥模型，再经过少量的精刮处理去完善基础外观造型设计。最后对整体造型进行把握，并标记需要修改的地方，进一步进行细节推敲，并改进数字模型。

6.4.2　实物立体油泥模型制作

模型制作是模型师在领会了设计师创意和想法后，运用工具设备，根据平面指示将设计立体地再现出来。油泥材料是制作汽车设计实体模型最为常见也是最常用的材料。油泥是一种高温下黏软的材质，能方便用于贴补，常温下即可干燥并且坚硬，是具有可塑性的混合材料。油泥模型准备工作包括支撑架制作、内芯制作、卡板制作等。由于油泥的成本较高，所以很少会整个实体模型全部应用油泥材料，一般用高级泡沫、芯板或者是木板拼接出模型的大体框架，然后在框架表面添加油泥，这样可以节省成本。等到油泥接近预想造型的时候，油泥模型师会使用特制的刮铲、刮刀、刮片等工具，如图 6-8 至图 6-10 所示，对整体油泥进行修改，进行粗刮、精刮以及贴膜处理等，从而按照相应比例完善整车造型。

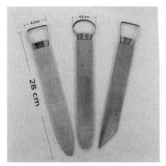 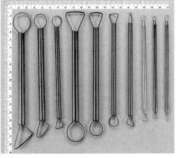 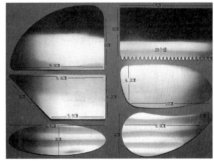

图6-8　刮铲（左）
图6-9　刮刀（中）
图6-10　刮片（右）

缩小比例模型是在骨架上涂敷油泥雕塑而成的。轿车缩小模型比例常用 1：2 或 1：5；旅游车常用 1：5 或 1：10；大客车常用 1：10 或 1：15，如图 6-11 所示。在汽车研发工作中，可先缩小比例模型，并从中选出最佳的设计方案，为召开选型评审会做好充分准备，并为后期制作 1：1 整车模型打下良好基础。小比例模型按照材料分类可以分为油泥模型、石膏模型、仿真模型三种。制作汽车模型选用的材料，一般采用油泥（由石蜡、凡士林、滑石粉等配成）、石膏、塑料、木材等，其便于反复修改，精工细雕，不易风化干燥或龟裂，尺寸较稳定，涂敷前须经烘烤。

图6-11　油泥模型制作
1∶5、1∶10模型

　　1∶1内部模型与1∶1外部模型同时制作，其设计和尺寸相互配合。形成内外协调统一。无论是1∶1内部模型还是1∶1外部模型，都是将平面设计转化为实体的步骤，这就要求模型师要极其认真细致，对任何一项细部的造型都不能马虎。全尺寸汽车油泥模型，是正式产品的依据。实物模型制作完成后往往会根据实物模型的测量数据，建立数字模型或修改原有的车型设计，然后将这些模型数据进行进一步处理，再应用于新产品的分析、设计和加工过程中。

　　汽车的1∶1外部模型制作分为四个步骤：制备骨架，初型，成型，定型。第一步是制备整车骨架。第二步是将油泥涂敷在骨架上，形成汽车模型的初型。第二步是在整车骨架上油泥后对外形做进一步打磨，油泥要尽可能涂匀，并沿着曲线、弧面雕塑得细致、平整，使整车成型。尤其是可以用胶带来表示各种零件，如，车窗和车门的分界线等。而车轮、平灯、把手等汽车附件，均采用真实汽车的实物配置，使模型更加真实。外部模型制作要经过粗刮、精刮两个主要步骤。汽车的1∶1内部模型制作，用于审视汽车内部审美效果，检验人机关系设计系统，包括显示系统、操作系统、视野系统及座椅的高度、靠背曲线的舒适度，内饰各部分之间的整体布局和尺度间隙。1∶1内部模型的形状、色彩、覆盖饰物的质感和纹理都应制造得十分逼真，也可采用一些真实材料，如皮革、纺织品、木材等，使人具有置身于真车之中的感觉，如图6-12所示。

6.4.3　CAS数字模型制作

　　CAS（Computer Aided Styling）即计算机辅助造型，是利用计算机软件技术根据相关前期的基本信息输入条件（包括二维效果图及总布置等）快速构建三维造型曲面数据，作为后续造型推敲及工程结构的重要参考，是新的汽车设计流程中的重要一环。运用计算机进行汽车设计和表达，即计算机辅助设计已成为汽车造型设计师经常采用的工作方式。CAS设计

图6-12　油泥模型制作
1∶1内外饰模型

分为正向 CAS 设计和逆向 CAS 设计。正向 CAS 设计，即通过设计师的草图、效果图，经总布置及其他专业设计处校核后的数据和扫描油泥模型得到的点云来建模，是一个从无到有的过程，如图 6-13 所示。而逆向 CAS 设计则是通过扫描样车、零部件等得到的点云数据进行建模，是一个从有到变的过程，即把实体转化为数据的过程，如图 6-14 所示。

图6-13　正向方法获得
数字化模型

图6-14　逆向点云数据建模

CAS 的主要工作有构建三维造型数据，辅助油泥模型的制作，输出断面用于制作卡板，在粗模的基础上进行细化工作，进行 VR 渲染等。现在的 VR 技术非常发达，可以运用立体影像技术来展示 1∶1 经渲染后的数字模型。其优点是能有效地降低开发人员的工作量和提高产品设计质量，能够节约造型开发的时间，即将纯手工制作时间的三个月缩短为一个月甚至更短，直接为工程制造提供可靠的分析基础，弥补手工模型在品质方面的不足。

6.5 其他主要参数设计研究

6.5.1 色彩设计研究

汽车的色彩是汽车美学的重要组成部分。从市场调研信息出发，新研发的汽车色彩设计应符合实用、经济、美观、创新原则。要求设计师在配置颜色时，注重研究人的心理、生理对色彩的好恶，不断创新，设计出符合客户审美需求的新车色彩。汽车外观一般由两到三种颜色进行搭配，其中大面积的主体色是车身表面涂色，而小面积的用于进气格栅以及保险杠和防擦条，用镀铬的亮银色进行局部点缀，如门拉手、后视镜、装饰条等。在汽车配色设计中，现代的流行色一般为：中高档汽车以黑色、深蓝、墨绿、紫色等较为深沉的颜色为主，体色体现尊贵、庄重、沉稳的内涵；经济型车以银色、白色、淡蓝、浅绿、淡黄颜色为主体色；小型车则会拥有更加丰富多彩的颜色。设计师要根据车身的外观结构、材料的质感，来综合考虑所用色彩的强弱，力求达到视觉上的平衡。汽车内部造型设计中仪表台、中控台、座椅、车门内饰板、顶板等都需要进行色彩和材质的设计搭配展现内饰氛围。汽车色彩的设计和制作要考虑的因素有光照、气温、干湿、纹理、吸热、饱和度、涂层防水等。同样的颜色在不同的环境中吸收的热量也是不同的，所呈现出的颜色也是有区别的。由于色漆是由多种涂料叠加使用，因此单个的色漆样板所呈现出的效果并不是最后汽车表面颜色的效果，色彩设计师需要用色卡板进行配色设计和涂料实验工作。同种色彩面对不同环境会呈现出多种色彩偏差，所以每一种色漆都会被分解成不同的色彩明度，用来解决色彩偏差问题。

在油泥模型制作中，表面色彩处理也是比较关键的步骤，它的好坏直接影响油泥模型的美观。表面色彩处理一般有两种方法，彩色黏膜或者表面喷漆，如图6-15、图6-16所示。好的彩色黏膜因其速度快，效果真实，而应用较多。要注意的是使用彩色黏膜，对油泥模型的表面光顺度有一定要求，即模型表面曲线处理要比较精细。通过对于颜色的不断搭配调试，为后期最终汽车配色提供直观参考。

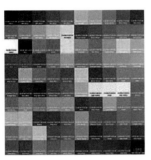

图6-15 色卡板（左）
图6-16 汽车涂料实验（右）

6.5.2 材质设计研究

新款汽车在进行造型设计开始时，就要考虑内外材料的选择问题，二者不可分割。材质的选择要与新款车整体形态设计风格相呼应。在实体模型阶段就要有材质的直观展现，主要通过胶带、贴膜来实现，外饰通过银白色，镀铬等胶带展现特殊部件的装饰效果；内饰一般要贴皮纹、布纹、木纹、金属等。在实车材质设计时要考虑到的因素很多，既要美观耐用，又要考虑强度和轻量化问题。以往用金属为主要材料，虽然能够提升车辆的安全性，但过高的成本直接影响到了销售。例如日本汽车大量采用塑料件来降低成本实现了轻量化，更加节能节油。但车辆在安全性上打了折扣；德国汽车的安全性比较高，主要体现在对高强度密度板和铝合金材料的研究和的完美应用上，但在视觉和实际使用上又略显笨重。如今，国家对汽车新材料的研究非常重视，倡导低碳环保已经成为研究新材料的根本方向和基础要求，众多新材料不断被应用于汽车设计领域，在功能上、视觉上不断带给消费者新的感受。

6.5.3 空气动力学分析研究

汽车的造型在一定程度上影响着汽车的速度和能耗，而不同的车型对于空气动力学指标的要求也不同。对于追求操控性能的跑车而言，空气动力学研究是设计中非常重要的环节。工程团队会借用计算机软件和风洞实验数据对整车造型形成的流场进行分析，不断改进，从而进一步提升车辆的性能，如图 6-17 所示。对于大多数普通车型，为了提高日常生活中使用的经济性，设法降低空气阻力是很好的办法之一。但出于成本考虑，这些车型在设计中基本的空气动力学参数是符合基本要求的。但却较少刻意考虑如何优化的问题。

图6-17　风洞实验

6.5.4　实体模型测绘扫描

实体模型的测绘扫描主要是检查外部造型的对称性。依靠人工作业的方式不能确保模型的绝对对称性。需要通过在车辆模型上安装多个测绘点，然后用激光扫描仪对测绘点进行扫描，将数据拷贝到测绘软件中，电脑会自动分析生成空间数模网，最后数模网状图可以很精确的对模型的对称性做出判断。模型工程师可以依据电脑显示出的问题区域进行模型材料的增加或者减少，最终完成模型的对称性修正。实体模型测绘扫描出来的数据不仅能够帮助模型师确保实体模型的对称性，而且测绘出来的数据能够帮助工程设计人员制定规范。即车身工程设计部门和车辆底盘工程设计部门能够通过测绘数据，提出造型合理性建议，避免设计后期再返工。

6.6　样车试制

6.6.1　样车试制阶段

样车顾名思义就是样子汽车，是除去功能之外的所有汽车外观形态，也是新款车型大批生产前的第一件样品。它主要有两个功能，一是用于展示外观并进行验证，二是进行数据统计和相关试验以便于量产。样车的试制和试验由试制部门负责，设计师和造型师参与。他们需要经常跟踪试制过程，清楚了解现场进展，并及时处理可能出现的问题。样品车从某种意义上也可以理解为一个带有功能的实体模型。在样车制作过程中最容易发现设计中存在的问题，所以，模型师会边做边改，最终获得美观又合理的造型，如图 6-18 所示。此阶段需要大量的检测和数据校验，对设计细节进行不断地完善修改，最后形成可以指导试制生产的数据，并进行样车制作。模型外饰表面需要打磨抛光后进行喷漆，门把手、劈水条等细节部件用快速成型设备进行制作，打磨抛光后喷漆或电镀处理，再组装到车身。外饰中重点关注的细节是前后大灯、雾灯、高位刹车灯、转向灯、回复反射器等精细的功能件，这些部件对于整车来说，其功能重要、细节精致、制作难度大，而法规行规的约束条件严苛，造型部门会单独成立专门的工作小组来进行相关设计制作。内饰模型的颜色、材质、皮纹都要和真车效果一样，所有细节都要用快速成型的设备制作并打磨、喷漆处理后，再组装到模型上。并精心选择与整车内饰风格相匹配的座椅面料进行包覆，与整车内饰一同进行评审。

图6-18　样车试制

6.6.2　新样车试验阶段

新样车的试验主要包括两个方面：性能试验和可靠性试验。性能试验的目的是验证汽车设计阶段各个总成以及零部件，经过装配后能否达到设计要求，及时发现问题，做出修改完善设计方案；可靠性试验的目的是验证汽车的强度以及耐久性。样车的试验形式主要有试验场测试、道路测试、人机测试、风洞试验、碰撞试验等。样车试验，应根据国家制定的有关标准逐项进行。不同车型有不同的试验标准。试验后，要根据试制、试验的结果，出具相应的试验报告。为样车的确认与修改，提供依据，为今后正式投产铺平道路，直至产品定型。

6.7 量产阶段

经过多次反复的协商和修改，得到较为精确的汽车造型模型数据后，新款车造型设计的进程基本结束。接着进入更加严格的实验用车制作流程，一系列有关汽车的实验将依次展开。通过外观品质评价、认证试验、可靠性试验等，对各项性能指标进行验证；提高空气动力学特性，检验其能否满足开发目标的要求，并根据试验结果对设计数据进行修改，提出改进方向和空气附加装置方案，直到修改结束敲定并发布最终数据。在安全性和质量标准满足设计要求后，新款汽车造型最终的设计方案将被投入小批量试生产，而后再一次进行全方位的测试验证，确定其可靠性后投入大批量生产，如图 6-19 所示。

图6-19 汽车投入批量生产

6.8 汽车设计相关技术应用

6.8.1 3D 变形技术

汽车造型设计是整车技术创新的核心之一，但现有的 CAD 软件及其他三维设计软件没有针对造型研究创新的模块，都是设计师将自己的创意造型输入到三维软件后形成，软件本身并不能为设计师提供创意灵感。而 3D 变形技术的引入将改变这一现状，它可以自动产生大量的、不同于现有产品的新形式，这些新形式不同于初始定位对象和中间对象，它能激发设计师的灵感，有助于汽车造型的创新。随着 3D 变形技术的发展和完善，它将弥补现有 CAD 等软件的不足，成为汽车造型创新的有效技术手段。

1. 技术原理

汽车车身造型的基本设计元素仍然是点、线、面。对于造型描述来说，点对造型设计非常重要，但又不能满足造型，线随点变化，连接造型元素，面则能很好地表达造型。汽车造型 3D 变形技术主要基于两个原理：一是基于 2D 轮廓的 3D 变形技术，即给定两个几何模型，一个源 S 和一个目标 T，3D 变形技术会生成中间模型（M）序列，M 在其中不断地从源（$M_0=S$）到目标（$M_i=T$）改变其形状。在 3D 变形中，中间模型 M 都有 S 和 T 的一些特征，但彼此却不相同。二是基于投影的 3D 变形算法。首先，将 S 和 T 投射到单位范围上，获得 S' 和 T'。投影过程应反映模型顶点的拓扑关系，并不自交。其次，根据顶点 S' 和 T' 之间的几何关系，计算顶点 T 在 S 上对应的坐标位置。最后，重复步骤 2，计算投影 T 上所有的顶点 S。根据 S' 和 T' 之间的关系，建立项目模型 M。它可以表达新模型 M 的拓扑结构，M 可以通过插值变换计算。

2. 操作步骤

汽车侧面轮廓线是表达和控制大部分造型信息的特色线条，叫作汽车造型对称线。由于汽车侧面轮廓线的重要性，基于 2D 轮廓的 3D 变形技术就成为汽车不可或缺的造型技术。它通常包括以下几个步骤：首先，使用坐标平面平行于汽车对称线，画出汽车表面，从而获得一系列平行的 2D 轮廓。其次，在相应的 2D 轮廓之间建立对应顶点。然后，根据这些对应顶点，改变 2D 轮廓。最后，当 2D 轮廓与 3D 形态拟合时，即可生成汽车的中间模型，其拟合过程演示如图 6-20 所示。

图 6-20　一辆汽车和一滴水之间的变形过程

3. 3D 变形技术在汽车造型中的应用

3D 变形技术已广泛地应用于计算机辅助设计、计算机动画系统、娱乐和医疗行业，特别是在电影特技和动画中，这项技术已经相对成熟。虽然该技术在汽车造型设计中的应用还并不常见，但它将来一定会在汽车设计中发挥非常重要的作用。

（1）为汽车造型设计提供创新手段。CAD 计算机辅助设计和汽车造型设计软件是汽车造型设计的常用工具，可以帮助设计师表达想法，但它不能思考。通过 3D 变形技术，可以改变现有汽车模型并获得所需的目标模型，计算机将自动生成一系列的中间模式形态。这些形态具有目标模型的特征又不丢失汽车模型的特征。由于无法预估中间模型的形态，所以会产生一些设计师自主无法轻易产生的设计构思。这种特性可以应用到汽车仿生设计中，包括形态仿生设计、功能仿生设计、结构和材料仿生设计。同时由于算法的复杂性，变形中的中间形态可能脱离设计师的控制，变得抽象。但这种变化可以激发设计师灵感，扩展设计的思维。因此，这项技术可以为汽车设计提供一种新的创新的方式。

（2）为汽车造型设计师提供大量的参考素材。在汽车造型设计之初，设计师需要通过大量相关的产品图片信息和产品知识刺激他的想象力。在变形过程中，每一个不同的值对应一个中间对象。设计师可以快速地接收大量的带有参数细节的新模型，大量的设计素材可以作为设计师的参考资料，进而缩短设计周期。

（3）帮助设计师设计符合空气动力学的汽车造型。空气动力学和车身造型有着密不可分的关系。流线设计运用到汽车车身上不仅可以降低风阻，更重要的是增加了汽车外形的美观度。采用 3D 变形技术即可以通过后期实验进行改进，又可以在设计时就将流线型作为造型元素。例如水滴就是优良的流线型模型，根据 3D 变形技术的原理，汽车模型变形到水滴的过程中会产生一系列完全符合汽车动力学的流线型模型，设计师将这些模型导入汽车分析软件中将得到最优化的汽车车身。同样，汽车模型也可以与符合汽车造型功能要求的模型混合，得到设计师想要的模型。三维变形可以把技术与美学糅合在一起，使汽车造型设计科学、具有前瞻性。

（4）3D 变形技术具有直观性。变形的中间汽车模型是以三维形式展现的，与 2D 草图相比，中间汽车模型具有更多的造型信息，可以调动视角，方便设计师可以从多角度观察汽车的每个细节，既能得到创新又可以降低设计师后期处理的工作难度。

（5）帮助设计师开展概念车设计。将设计师创作初期制作概念模型和现有的汽车模型，或者任意的箱体模型混合，得到意想不到的新汽车形态，从而帮助设计师设计概念车模型。

6.8.2　3D 打印技术

自 1984 年查尔斯·赫尔发明将数字资源打印成三维立体模型的技术以来，3D 技术的研究不断进步，受到各行各业的推崇，被广泛应用于各领域的产品设计，如军工、医药、服装、生物、甚至食品加工等。它的优势不断被挖掘，帮助解决了各种技术问题。3D 打印技术已从起初的小型产品制造逐渐发展到了大型产品的"打印"，因此在汽车行业的应用不断增强。2010 年开始，德国将 3D 打印技术应用到汽车发动机等重要零部件制造中。2014 年，IMTS 国际制造技术展览会上，美国展出了世界上第一辆 3D 打印电动汽车"Strati"。目前，中国也已将 3D 打印技术应用列为汽车产业发展的一项重要战略，出台了一系列支持产业研发和推广计划，可以预见 3D 打印技术一定会在汽车制造领域大显身手。

1. 技术原理

3D 打印技术（3 Dimensional Printing）是一种快速成型技术（Rapid Prototyping，RP），又称增材制造（Mterial Aditive Mnufacturing），是一个使任何形状的三维固体物品通过数字模型得以快速实现的过程。3D 打印是通过计算机辅助设计，创建三维数字模型，将某种特定的加工样式进行一系列的数字切片编辑，从而生成一个数字化的模型文件，然后按照模型图的尺寸以某些特定的添加剂作为粘合材料，运用特定的成型设备，即 3D 打印机，使用液态、粉末态、丝状等固体金属粉或可塑性高的物质进行分层加工、叠加成型，使原料将这些薄型层面逐层培融增加，最后 3D 打印机喷头在程序控制下沿轮廓路径喷出材料，将上下材料粘接在一起，得到预期的三维实体。

2. 技术分类

3D 打印技术工艺依据所用材料的性质及片层结构的生成方式，大致可分为光敏树脂选择性固化工艺（SLA）、粉末材料选择性烧结工艺（SLS）和丝状材料选择性熔覆工艺（FDM）等三种主要工艺。

（1）SLA

该工艺利用立体雕刻的原理对固体部件进行光固化成型操作，是最早出现并运用最为广泛的一种快速成型技术。其工作原理是：将液态光敏树脂材料放进加工模具中，保持工作台与液面相差一个截面层的高度，然后聚焦的激光按照计算机预定的程序对光敏树脂表面进行扫描、液体固化，将这个过程循环往复，就可以形成最终的固体工件。

（2）SLS

SLS 法采用红外激光器作能源，使用的造型材料多为粉末材料。加工时，首先将粉末预热到稍低于其熔点的温度，再在刮平棍子的作用下将粉末铺平；激光束在计算机控制下根据分层截面信息进行有选择地烧结，一层完成后再进行下一层，全部烧结完后去掉多余的粉末，就可以得到一个烧结好的零件。目前成熟的工艺材料为蜡粉及塑料粉，用金属粉或陶瓷粉进行烧结的工艺还在研究之中。

（3）FDM

该工艺是一种将丝状材料（如工程塑料、聚碳酸酯等）进行加热熔化再合成产品的工艺。工作原理是热塑性丝状材料被热熔喷头加热并熔化成半液态，再通过喷头挤压出工件的横截面轮廓，通过喷头在工作台上的往复运动，逐层形成薄片。重复这个过程，便可生产出最终产品。

3. 3D 打印技术在汽车设计中的应用与影响

在汽车设计整个流程中的应用主要集中在概念模型开发、功能验证原型制造、工具制造及小批量定制型制成品的生产四个阶段。（1）概念模型开发阶段引入 3D 打印技术，使设计师在设计初期便可将不同造型方案构建出模型，更直观地对设计合理性进行验证，为后续流程奠定基础。（2）功能验证原型制造采用 3D 打印，有利于对功能的可行性进行分析和研究，避免后续工程性失误造成的返工。（3）通过 3D 打印制造生产工具，不仅可以减少购置和安装设备的成本和时间，还可以制造出更加符合人机工程学理论且质量轻盈的工具。（4）3D 打印小批量定制型制成品是指设计师将多个意向设计方案确定后，打印出若干个三维立体模型，客户可直观地了解整车情况并进行准确地评价，选择出自己最满意的方案，从而提高定制化特型车辆生产领域的服务水平，更加人性化。

3D 打印技术使想象力不受传统技术的制约，让汽车造型更加艺术化。例如，2015 年 3 月日内瓦车展上，德国独立汽车设计公司 EDAG 展出概念车 Light Cocoon，该设计突破了传统设计理念，摒弃了传统汽车的多种材料和零部件组合拼接的工艺手段，整个车身浑然一体，极具统一性和视觉冲击力。Light Cocoon 概念车采用 3D 打印技术，外壳材料具有仿生学优化的车身结构和防风雨纺织品外壳两大特点，每平方米仅重 19g，是一张 A4 纸重量的四分之一。同时 3D 打印技术使汽车内饰的功能更智能、更多元，汽车厂商逐步使用虚拟数字化技术研发产品，用 3D 技术让消费者体验内饰效果。个性化的内饰定制增加了信息交互、娱乐、服务、社交等新的体验模式，为用户实现独一无二的汽车内饰体验提供了可能性。3D 打印对材料应用的巨大潜力使其不但能节约材料和能源，还可以采用可重复利用的环保型材料进行改良、再创造，进而推进汽车产业更加绿色环保，如图 6-21、图 6-22 所示。

图6-21　3D打印LightCocoon
概念车（左）
图6-22　宾利3D打印自动
驾驶概念车内饰（右）

6.8.3　造型样车体验技术

1. 造型体验样车介绍

造型体验样车（DEF）是根据光顺数据 1∶1 制造的可低速行驶，即最高车速不超过 50 km/h 的评价造型设计的特殊样车，其在整车开发过程中起着重要作用。通过造型体验样车的动态展示，可以在整车研发的早期阶段对于设计造型比例和外观样态从静态动态两方面有更为直观全面的评价，也避免了造型美观而体感不尽人意的情况出现，为新车型的后续研发提供了强有力的技术保障。

2. 造型体验样车制作流程

造型体验样车的设计制造主要分为三大部分，主体骨架、外部车身以及内饰。主体骨架采用轮距、轴距与新车型相匹配的量产车平台制作，根据新车型相关的数据进行局部切割和加强。外部车身根据 CAD 数据型面 offset-15 mm 制造的玻璃钢作为骨架，并以此为基础浇覆液态环氧树脂，然后根据 1∶1 数模进行铣削。前门及发动机盖根据光顺数据型面，翻制玻璃钢外板，然后通过咬合夹具将外板玻璃钢与沿用的量产车内板零件连接起来。外部车身所有可视部分的附件采用工程塑料（ABS）或者激光快速成型件（RPT）制作单件，然后定位销及螺纹紧固到车身主体。内饰零件多采用泡沫铣削件、ABS 件或者 RPT 件，如图 6-23 所示。

图6-23　造型样车体验
技术基本流程

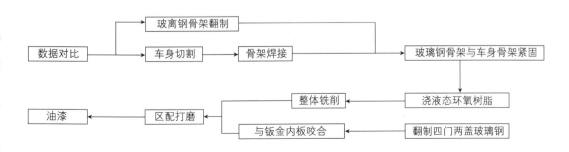

车身附件功能性的保留，如车门把手和摇窗机构等。造型样灯的也要进行制造及匹配安装。最后将内外板模具整合，即进行外板零件的翻制后，直接将内板零件通过模具辅助面上的定位夹具与外板玻璃钢拼接起来，并打磨成圆角，喷漆完工。

6.8.4　CATIA 软件应用

1. 技术介绍

CATIA 作为目前广泛使用的最著名的 CAD 软件之一，自其从航空领域进入汽车行业后，CATIA V4、V5 版本已对汽车造型设计乃至整个汽车行业产生了巨大影响。2013 年法国达索公司推出 CATIA V6 版本，即 CATIA 3D 体验平台（3D Experience Platform），其众多创新设计为目前汽车造型设计流程的改进带来新的思路。

围绕数字化产品和电子商务集成概念进行系统结构设计的 CATIA 3D 体验平台，为数字化企业产品的整个开发过程创建了一个有针对性的工作环境。在这个环境中，可对产品开发过程中的各个方面进行仿真模拟，实现了工程人员和非工程人员之间的电子交流。产品整个开发过程包括概念设计、详细设计、工程分析、成品定义和制造以及成品在整个生命周期中的使用和维护。CATIA 3D 体验平台为造型设计开发的模块主要有四个：三维手绘、快速建模、A 面设计和实时渲染，分别适用于汽车造型设计流程中的创意阶段、CAS 曲面、A 级曲面和评审阶段。运用 CATIA 软件可实现汽车虚拟装配设计，并进行运动仿真分析，准确地实现从设计到产品装配一系列过程的可视化。可对设计结果进行动态、静态干涉检查，检验设计可靠性，实现装配流程的初始方案设计。CATIA 运动仿真可优化汽车系统设计的大部分复杂验证工作，减轻设计师工作强度，减少设计失误，缩短设计周期，减少前期研发资金，因此，该方法可靠、高效，已为众多汽车生产制造企业所用。

2. 应用优势

（1）借助于三维手绘模块，CATIA 3D 体验平台实现了设计流程完全在三维环境下工作的转变，设计师能够快速感受方案在三维空间的实际效果，可进行各个视角的验证，尽可能地避免因艺术表现效果过于夸张而造成造型本身特点的难以解读等负面影响。创意设计师所绘制的三维数据不仅能提高数模师的工作效率，还能用于以后的任何评审、制造、验证等各个阶段，使设计意图在整个流程中得以保留。

（2）CATIA 3D 体验平台将数字化的设计流程通过数据的整合变得连贯，任何模块的数据，如手绘数据、CAS 建模数据、A 面建模数据、逆向数据及以后的所有工程数据均统一采用 3dxml 的格式进行工作和保存，避免了各环节文件数据不统一、在转换过程中丢失等问题，不仅使造型设计内部各环节无缝协同，还与工程设计环节无缝协同，从而形成了连贯的全过程造型设计解决流程。

（3）设计平台的创建。3D 体验平台不仅包含了在设计过程中使用的各个泛义的建模模块，还包含了公司内部各部门的协作以及利用云端平台进行的公司之间的协作。如设计流程的详细规划及展示、每人所担任的设计角色及任务安排、与公司外部的接口（如 3D 打印）等等。所以 CATIA 3D 体验平台能将设计流程中的所有工作纳入其中，完成整个设计流程的数字化，构成了设计流程所涉及各部门之间的网状联系、扁平化协作，如图 6-24 所示。

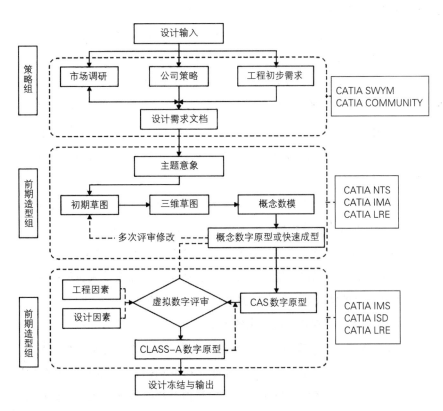

图6-24　CATIA 3D 平台汽车设计流程

6.8.5 虚拟现实技术

1. 虚拟现实技术介绍

虚拟现实（Virtual Reality）简称 VR，是人们通过计算机对复杂数据进行可视化操作及交互的一种崭新方式。是仿真技术与传感技术、网络技术、多媒体技术、人机接口技术、计算机图形学等多种技术的集合。通过应用实时三维图形生成与显示、识别定位及环境建模等生成一种特殊的环境，人可以通过特殊的装置如数据手套、数据眼镜等将自己置身于特定环境中去身临其境地操作、控制环境等。它是适应信息社会发展需求而出现的一种高端化人机接口，包括虚拟化的视觉、听觉、触觉、嗅觉、味觉等诸多感知、实时、汇集、模拟和交互活动的生成物。

2. VR 技术特征

（1）沉浸性，是指人可以沉浸在虚拟环境中，理想的模拟环境使用户难以分辨真假，无限趋近或具有一切人在现实生活的感知体验，使用户全身心地投入到计算机创建的三维虚拟环境中。

（2）交互性，是指在虚拟环境中体验者不是被动地感受，而是通过自己的动作改变感受的内容。如用户可以用手去直接抓取模拟环境中虚拟的物体，这时手有握着东西的感觉，并可感觉到物体的重量，视野中被抓的物体也能立刻随着手的移动而移动。交互特性不仅极大地增强了表现力，也更能融合到设计流程之中，创造无缝体验。该技术将消费者组织到设计中来，与设计人员一起研究和修改汽车造型，并对设计结果进行客观的分析、评价和体验。

（3）构想性，是指虚拟的环境是人构想出来的，不仅可再现真实存在的环境，也可以随意地构想客观不存在的甚至是不可能发生的环境。

（4）实时性，是指当体验者发出一定的指令，虚拟环境会立即有所反应。这种实时性不仅仅在显示方面，还包括设计方面设计人员可以通过对某些设计指标的修改而立即观察到这些改变带来的后果。

3. VR 技术在汽车造型设计中的应用

VR 技术在汽车开发设计领域有着广阔的应用前景，它可以使开发环节大幅度提升效率、节省成本。不仅如此，利用 VR 技术呈现可视化的方案，可以让企业明确知道采用哪些方法可以获得怎样的效果。另外，以往设计师想要从自己设计的汽车产品中得到感官反馈，就不得不依赖于用户的体验调查，其间浪费了大量的时间和人力物力，得到的有用信息却少之又少。

而 VR 技术的不断成熟，让这一需求的简化不再遥远，可在虚拟的环境下，对产品的性能和前景进行全面的优化评估。同时利用 VR 技术对基本成型的汽车进行虚拟实验，更使烦琐的工作得到简化。这种先进技术对提高车身造型设计效果影响巨大。汽车厂商越来越多地采用虚拟汽车概念，从而无须制作物理原型，就能组装、观察、模拟汽车的性能及制造工艺，并且越来越多地加强厂家、院所、政府、供应商之间的合作关系，进一步加快了新型汽车的研发进程。

汽车造型的虚拟设计：全尺寸汽车模型制作过程如果使用 VR 系统进行设计，不但节省人力、物力、财力，还可提供多种颜色、材质选择方案。在虚拟模型的支持下，颜色、灯光、喷漆反射等内在多种元素可由设计师与工程师即时体验，以便对设计能迅速做出修改决策。造型方案确定后，建模数据可直接用于车身结构设计、冲压楔具设计等后续环节。车内外各个部件也可以利用虚拟现实的软件进行设计，包括座椅、转向盘、变速杆、指示柄、后视镜、挡风玻璃上的雨刷、手控制动器、车门手柄、汽车收音机以及车内空调器等。这些部件都可借助数据手套由用户重新确定。

汽车造型的虚拟实验测试：汽车外形必须满足安全、人体工程学、生产工艺、装配、维修等方面的标准，采用 VR 系统可以适应这些要求。一些原来必须反复重复的测试工作，利用 VR 技术连接 CAD、CATIA 等软件，在虚拟空间内进行各种调整，能够大大提升设计效率。目前，各大汽车公司都使用实车的 1/4 模型放在风洞试验场试验，由于模型与实物大小不一，所以试验结果和实际情况有一定误差。如果采用全车身模型，大尺寸的风洞造价昂贵、结构复杂，大多数汽车企业很难实现。当车身造型设计需要修改，则必须重新制作实物模型进行实验。采用 VR 系统生成的虚拟风洞，可以让汽车设计师看到虚拟的大型三维空间空气流场，分析多旋涡的复杂三维性质效果、空气循环区域气流被破坏式的乱流等。借助相关的交互设备，设计人员还可对这些虚拟物体进行体验和修改工作。例如头盔、眼镜等协同操作，可以使设计人员得到对诸如减震系统、风阻系数、爬坡感知度等比数字化模拟更加真实的数据。决策者也可通过该系统进行最后的车型审定工作，烦琐的样车制作便可省略。

汽车生产虚拟设计：利用虚拟现实技术建造虚拟的流水生产线、装配加工线，所展现出来的模拟现实一旦得到肯定，就可以实现现实工厂加工装配线的建设，这一流程的简化，是以往任何技术所不能达到的，如图 6-25 所示。

图6-25 用户通过VR系统进行汽车体验

VR技术作为一个新兴学科还在不断发展和完善，然而其在汽车车身开发中的作用越来越重要。相信随着科学技术的不断发展，特别是数字雕刻、全息投影和触感模拟等新技术的民用实现，虚拟现实技术完全有可能替代传统油泥模型在汽车造型开发中的作用，进一步缩短汽车研发周期，降低开发成本和人力资源投入。我国的VR产业已具备一定的基础，在军工、航天航空、医疗等领域已有较多的应用。目前，我国已把虚拟现实产业列入重点战略发展规划，以期将汽车产业信息化、数字化提高到崭新的水平。

6.8.6 逆向工程技术

1. 技术原理

逆向工程（又称逆向技术），是一种产品设计技术复制的过程，即对一项目标产品进行逆向分析，从而演绎并得出该产品的处理流程、组织结构、功能特性及技术规格等设计要素，以制作出功能相近，但又不完全一样的产品。它主要以现代设计理论、方法、测量技术为基础，运用专业人员的工程设计经验、知识和创新思维，将已有的产品模型或实物模型转化为工程模型和概念模型，在解剖深化的基础上重新设计和再创造，是在已有设计基础上的再设计，其设计流程如图6-26所示。

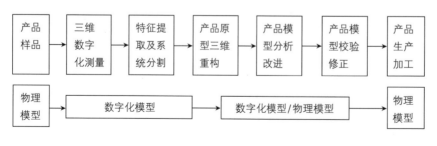

图6-26 逆向工程设计流程

传统的车身设计方法在每个阶段都要反复进行平面图形和立体模型的制作，导致新产品的开发设计周期长、工作量大，而利用逆向工程技术则可以大大提高工作效率。在产品的逆向开发中，样件的三维数据获取主要通过三坐标测量机完成，三坐标测量机分为接触式和非接触式两种，非接触式三坐标测量机因具有测量速度快、适用范围广的特点得到了广泛应用。Imageware 作为著名的逆向工程软件，广泛应用于汽车、航空、航天、家电、模具、计算机零部件设计中。它采用先进的 NURBS 曲面模型，具有强大的点云处理和曲面重构功能，并且可以和 UG 软件进行无缝链接，为汽车设计提供了更多便利。

2. 逆向工程在汽车工业领域中的应用

逆向工程技术在汽车设计领域应用主要有以下五个方面。

（1）汽车新零件的设计，用于产品的改型或仿型设计。

（2）已有零件的复制，再现原产品的设计意图。

（3）损坏或磨损零件的还原。

（4）汽车车身特征断面的设计。

（5）数字化模型检测（如产品变形检验分析、焊接质量检验、模型比较等）。

逆向设计的汽车整车为标杆车，与标杆车相对应，汽车整车正向设计的设计对象为新设计车。新的汽车设计离不开对现有成熟车型的参考借鉴，对标杆车逆向设计可以积累设计知识、明确产品定位、实现快速设计开发和降低开发风险等。为避免照抄照搬标杆车开展造型、油泥模型等正向设计工作可能带来的设计风险，应正确处理好标杆车逆向设计与新设计车正向设计之间的关系，做好基于逆向设计的汽车正向设计，使标杆车逆向设计数据更好地为正向设计提供技术支持。

参考文献

凌继尧，徐恒醇.艺术设计学［M］.上海：上海人民出版社，2000.

李泽厚.美学四讲［M］.天津：天津社会科学院出版社，2001.

付黎明.工业产品造型设计研究［M］.长春：吉林人民出版社，2002.

杨辛，甘霖.美学原理［M］.北京：北京大学出版社，2003.

顾建华.艺术设计审美基础［M］.北京：高等教育出版社，2004.

宗白华.美学散步［M］.上海：上海人民出版社，2005.

张新天.创造性思维40法［M］.上海：上海大学出版社，2005.

严扬，刘志国，高华云.汽车造型设计概论［M］.北京：清华大学出版社，2005.

付黎明.设计美学规律研究［M］.北京：中国美术出版社，2006.

闫波，姜蔚，王建一.工程美学导论［M］.哈尔滨：哈尔滨工业大学出版社，2007.

付黎明.设计美学法则研究［M］.长春：吉林大学出版社，2008.

黄金陵.汽车车身设计［M］.北京：机械工业出版社，2007.

邹广德.汽车构型发展［M］.北京：机械工业出版社，2008.

王一川.新编美学教程［M］.上海：复旦大学出版社，2008.

付璐.汽车车身造型设计美学研究［M］.长春：吉林大学出版社，2010.

王望予.汽车设计（第4版）［M］.北京：机械工业出版社，2011.

郭秀荣，马雷.汽车造型设计.［M］.北京：机械工业出版社，2012.

［日］鸠田幸夫.汽车设计制造指南［M］.王利荣，等译.北京：机械工业出版社，2012.

付黎明.工业产品设计美学研究［M］.长春：吉林大学出版社，2012.

陈新亚.汽车是怎样设计制造的汽车造型设计［M］.北京：机械工业出版社，2013.

刘芝鹭.汽车造型设计：流程·实践［M］.北京：清华大学出版社，2013.

赵敬实.设计之美：从世界名车看汽车设计［M］.北京：机械工业出版社，2014.

付璐.汽车造型设计美学概论［M］.北京：机械工业出版社，2014.

［美］毕斯.汽车设计中的人机工程学［M］.李惠彬，刘亚茹，译.北京：机械工业出版社，2014.

［意］Enrico Leonardo Fagone.汽车设计：交通工具设计理念、方法、流程及演化［M］.温为才，陈华，译.北京：清华大学出版社，2015.

［意］埃泽尔.汽车设计大师［M］.李卓森，李宇彤，邢世凯，译.北京：机械工业出版社，2015.

［日］大野進一.汽车设计基础［M］.王利荣，译.北京：机械工业出版社，2016.

林程.汽车车身结构与设计［M］.第2版.北京：机械工业出版社，2016.

付璐.汽车设计美学基础［M］.北京：机械工业出版社，2017.

王望予.汽车设计［M］.第4版.北京：机械工业出版社，2017.

许建忠.汽车设计与开发集成［M］.北京：机械工业出版社，2018.

［日］广川淳哉.马自达设计之魂：设计与品牌价值［M］.李峥，译.北京：机械工业出版社，2019.

教师服务

感谢您选用清华大学出版社的教材！为了更好地服务教学，我们为授课教师提供本书的教学辅助资源，以及本学科重点教材信息。请您扫码获取。

 教辅获取

本书教辅资源，授课教师扫码获取

 清华大学出版社

E-mail: tupfuwu@163.com
电话：010-83470317
地址：北京市海淀区双清路学研大厦 B 座 509

网址：http://www.tup.com.cn/
传真：8610-83470107
邮编：100084